話者の音声の記憶に関する研究

井 上 晴 菜 著

風 間 書 房

目　　次

第 1 章　話者の音声の記憶とは ………………………………………… 1

はじめに……………………………………………………………………… 1

　第 1 節　未知話者の音声の記憶研究……………………………………… 4

　第 2 節　話者の音声の記憶の研究における記憶課題の分類方法………… 19

　第 3 節　話者同定の研究…………………………………………………… 25

　第 4 節　話者同定成績に影響を及ぼす要因……………………………… 27

　第 5 節　言語隠蔽効果の研究……………………………………………… 35

　第 6 節　話者同定における言語隠蔽効果の研究………………………… 38

　第 7 節　話者同定における言語隠蔽効果の生起因……………………… 38

　第 8 節　テスト刺激の選定方法…………………………………………… 41

　第 9 節　本章のまとめ……………………………………………………… 43

第 2 章　言語的符号化の有無を要因とした記憶実験で使用する音声
　　　　　刺激の作成 …………………………………………………………45

　第 1 節　調査 1 ……………………………………………………………… 45

　第 2 節　本章のまとめ……………………………………………………… 52

第 3 章　話者同定における言語隠蔽効果は言語的符号化の対象に依
　　　　　存するか……………………………………………………………55

　第 1 節　実験 1 ……………………………………………………………… 55

　第 2 節　本章のまとめ……………………………………………………… 67

第 4 章　言語的符号化が標的音声の話者同定に与える影響……………69

第1節　話者同定テストの回答手続き‥‥‥‥‥‥‥‥‥‥‥‥69

第2節　実験2‥‥‥‥‥‥‥‥‥‥‥‥‥‥‥‥‥‥‥‥‥‥‥71

第3節　本章のまとめ‥‥‥‥‥‥‥‥‥‥‥‥‥‥‥‥‥‥‥‥88

第5章　話者同一性評定の判断過程は処理流暢性に影響を受けるか
‥‥‥‥‥‥‥‥‥‥‥‥‥‥‥‥‥‥‥‥‥‥‥‥‥‥‥‥‥91

第1節　記憶課題の遂行過程‥‥‥‥‥‥‥‥‥‥‥‥‥‥‥‥‥91

第2節　音声刺激に対する再認研究‥‥‥‥‥‥‥‥‥‥‥‥‥‥95

第3節　実験3‥‥‥‥‥‥‥‥‥‥‥‥‥‥‥‥‥‥‥‥‥‥‥96

第4節　話者同定パラダイムにおける学習方略の効果‥‥‥‥‥‥122

第5節　実験4‥‥‥‥‥‥‥‥‥‥‥‥‥‥‥‥‥‥‥‥‥‥126

第6節　本章のまとめ‥‥‥‥‥‥‥‥‥‥‥‥‥‥‥‥‥‥‥137

第6章　全体的考察‥‥‥‥‥‥‥‥‥‥‥‥‥‥‥‥‥‥‥‥139

第1節　本研究の学術的意義‥‥‥‥‥‥‥‥‥‥‥‥‥‥‥‥139

第2節　本研究で得られた知見‥‥‥‥‥‥‥‥‥‥‥‥‥‥‥141

第3節　今後の展望‥‥‥‥‥‥‥‥‥‥‥‥‥‥‥‥‥‥‥‥147

引用文献‥‥‥‥‥‥‥‥‥‥‥‥‥‥‥‥‥‥‥‥‥‥‥‥‥‥‥‥151

Appendix‥‥‥‥‥‥‥‥‥‥‥‥‥‥‥‥‥‥‥‥‥‥‥‥‥‥‥161

あとがき‥‥‥‥‥‥‥‥‥‥‥‥‥‥‥‥‥‥‥‥‥‥‥‥‥‥‥‥171

第1章 話者の音声の記憶とは

はじめに

　われわれは顔は見えないが声は聴こえる状況で，その音声からその話者を同定することができる。ここでいう「同定（identification）」とは，あるものとあるものが同一であることがわかることであり，また，「その音声からその話者を同定する」とは，その話者の氏名がわかるということのみならず，氏名がわからなくても，あの時間あの場所で聴いた話者であることがわかるということも含まれている。それでは，「あのときに聴いた話者であることがわかる」ようになるために必要な条件とは何だろうか。例えば，家族や友人のように1日に何度も音声を聴くような間柄でないと，あのときに聴いた話者であるかどうかを判断できないと思ったかもしれない。しかし，Smith et al.（2020）によると，予め1度は聴いていれば，その音声からあのときに聴いた話者であるかどうかを偶然の水準（chance level）よりも高く判断できるという。また，「あのときに聴いた話者である」ことを判断する過程で，予め氏名を知っていれば，その音声からその話者の氏名がわかることもある。これには，その音声の聴取頻度（例えば，1日につきどれほどの回数を聴いたか）や聴取時間（例えば，1回につきどれほどの長さを聴いたか）が関係しており，これまでに何度も聴いていれば，その人物の氏名もわかる。これについては，Yarmey et al.（2001）が実証している。

　Yarmey et al.（2001）が行った実験では，68人の音声刺激をプールし，その中から4人（各参加者にとって「よく知っている人」，「ある程度知っている人」，「音声を2，3回は聴いたことがある人」「音声を1回も聴いたことがない人」）の音声が提示された。1回も聴いたことがない人の音声から正しく「知らない人

2

である」と報告できた確率（55%）と，2，3回は聴いたことがある人の音声から正しく氏名を当てた確率（49%）の間で差がなく，両者とも，よく知っている人の音声から正しく氏名を当てた確率（85%）より低かったという。このことから，親しい親族や友人のような，頻繁に音声を聴く人物のほうが，親しくない知人のような，数回程度しか音声を聴かない人物よりも，その音声からその人物の氏名が容易にわかるといえる。

　話者の音声の記憶に関する研究は，法定証拠として，耳撃証言（earwitness testimony）の有効性を検討するものが多い。耳撃証言とは，例えば，オレオレ詐欺のように電話越しの犯行や，強盗のように目出し帽で顔を隠した犯行などにより，犯人の顔は見えないが声は聴こえる状況において，犯人の声を聴いた人（必ずしも被害者ではない）による証言を指す。犯人は，家族や友人のように見知った人であるときもあれば，見知らぬ人であるときもある。その人たちに犯人の疑いが生じたときに，被疑者となった人物の音声と耳撃した犯人の音声が同一人物のものであるかどうかを判断する必要がある。上記の通り，見知った人の音声についての研究では，見知った人であればその人物の氏名を答えることを求める（例えば，Yarmey et al., 2001）一方で，見知らぬ人の音声についての研究では，複数の音声から以前に聴いた音声と同一人物（以下，標的人物とする）のものを選ぶことを求めたり（例えば，Perfect et al., 2002），提示された1つか複数の音声に対して，標的人物のものであるか，そうでないかをそのつど答えることを求める（例えば，Köster & Schiller, 1997）ことが多い。

　これらの音声の記憶の測定方法が異なれば，異なった判断過程を測定していると考えられるため，特定の要因について検討した結果は研究間で一致していないことも多い。例えば，複数の音声から標的人物のものを1つ選ぶときは，提示された音声の中から，標的人物の音声に最も似ている人物のものを選ぶことになる。すなわち，選択肢内の相対的な比較過程が含まれる。一方で，1つか複数の音声それぞれに対して，標的人物のものであるか，そう

でないかを答えるときは，それぞれの音声に対して，標的人物の音声に似ている人物のものであれば「標的人物である」と反応するが，標的人物の音声に似ていない人物のものであれば，「標的人物ではない」と反応することになる。つまり，標的人物の音声であるものと，標的人物の音声ではないものを個別に判断する必要がある。このように，複数の音声から標的人物のものを選ぶときとは，相対的な比較過程の重要性が異なる判断になる。

　それとは別に，複数の音声から1つの音声を選ぶときでも，音声それぞれに対して判断をするときでも，いわゆる分析対象ではない未学習人物にあたる「フィラー人物」や分析対象となる未学習人物にあたる「ディストラクター人物」，そして，ディストラクター人物の中でも標的人物に取って代わる，すなわち，標的人物の代わりに誤って「標的人物である」と選ばれやすい未学習人物にあたる「非標的人物」という，これらの人物の音声と，標的人物の音声との類似性が結果に大きな影響を与えることにも留意すべきである。複数の音声から標的人物のものを1つ選んだり，1つか複数の音声それぞれに対して，標的人物のものであるか，そうでないかを答えるといった異なる測定方法においても共通して，提示される音声同士の類似性が高ければ，非標的人物の音声を誤って標的人物のものとして選択してしまう，あるいは誤って「標的人物である」と反応してしまう可能性が高まる。つまり，選択肢にどのような音声の特徴を持った話者を含めるかによって，研究間で結果が異なることが起こりやすくなると考えられる。このような測定方法の手続きの違いにより，研究間で結論が異なり得ることは看過できない問題である。

　なお本論文では，参加者が研究実施より以前にはその音声を1度も聴いていない話者を未知話者と呼ぶ。一方で，氏名を知っているかどうかに関わらず，研究実施より以前からその音声を何度も聴いている話者を既知話者と呼ぶ。ここで，家族のように氏名を知っている人物だけでなく，氏名を知らない人物も既知話者に含めるのは，例えば，声優のように必ずしも氏名を知らなくても，あるキャラクターの音声を担当している人だとわかる場合もあり，

4

これは未知話者とは区別すべきであると考えるからである。次節からは主に未知話者の音声の記憶に関する研究を概観していく。

第1節　未知話者の音声の記憶研究

　未知話者の音声の記憶研究を最初に行った McGehee（1937）は，未知話者の音声の記憶を研究するための実験パラダイムを考案した。その実験パラダイムとは，参加者は，学習段階で標的人物の音声を学習して，時間を置き，同定テスト段階で標的人物の音声を同定する，というものであった。具体的な手続きについて説明する。まず参加者に，学習段階として，衝立を設けることで顔は見えないが声は聴こえる状況で，56語からなる文章を標的人物が音読するのを聴かせた。その際，標的人物の音声を注意深く聴いてもらうために，何らかのテストがあることを伝えた。ただし，テスト内容に言及したかについて McGehee（1937）は明記していないために，テスト形式が同定テストであることを参加者が知っていたかはわからない。学習段階のあとの同定テスト段階は，同日中に，あるいは1日後，2日後，3日後，1週間後，2週間後，3週間後，1ヶ月後，3ヶ月後，5ヶ月後に行われた。次に参加者に，同定テスト段階として，衝立を設けることで顔は見えないが声は聴こえる状況で，56語からなる文章を標的人物1名とフィラー人物4名の計5名が順番に音読するのを聴かせた。なお，全参加者にとってフィラー人物も未知話者であった。そして，その5名の中から標的人物だと思う1人を選ぶように求めた。このとき，標的人物が何番目に音読するかは固定ではなく，参加者によって異なった。

　以上が，McGehee（1937）により考案された未知話者の音声の記憶の実験パラダイムである。だが，それ以降に行われた未知話者の音声の記憶研究の全てが McGehee（1937）の実験パラダイムを踏襲しているわけではない。特に，同定テスト段階の手続きにバリエーションがある。具体的には4つの観点があり，標的人物のテスト刺激が学習刺激と同（same）か異（different）か

という点，また，提示されるテスト刺激が1つか複数かという点，そして，テスト刺激が1つ提示されるごとに回答を行うか全て提示されたあとに回答を一度だけ行うかという点，さらに，それぞれのテスト刺激に対する回答手続きが何かという点である。それらについて，以下で説明する。

標的人物のテスト刺激が学習刺激と同か異か　McGehee（1937）の実験では，リアルタイムで，話者全員が文章を音読した。すなわち，学習時の音声もテスト時の音声も，録音された音声ではなく，生の声であった。例えば，そのときの気分によって，「おはよう」の発音にさまざまなバリエーションがあるように，われわれは，同じ言葉を2回連続して発音した場合でも，その2回とも同じように発音することはほぼないことから（Hollien, 1990），McGehee（1937）の実験では，学習段階と同定テスト段階を通して，標的人物の音声は実質的に異なる要素を持っていた可能性がある。例えば，話者の音声を生の声で提示する場合，実験者が標的人物に対して，学習時とテスト時で同じように話すように伝えたとしても，標的人物が，学習時にどのように話していたのかを忘れたり，あるいは，時間経過によって喉の調子が変わってしまうことで，結果として，学習時とテスト時で同じように話すことができないことが起こり得る。このような場合に特に注意すべきなのは，検討したい要因との交絡である。例えば，McGehee（1937）の実験では，標的人物の音声を学習してからテストまでの時間間隔が長い場合に，同定テスト成績が下がるかどうかを検討した。その結果，学習してからテストまでの時間間隔が1日から3ヶ月へと長くなるにつれて，同定テスト成績が下がる傾向が見られたことを報告した[1]。この結果について，McGehee（1937）は，時間間隔の影響だと解釈したが，同定テスト成績が下がったのは，果たして，時間間隔だけの影響なのだろうか。先述している通り，McGehee（1937）の実験では生の声を提示しており，3ヶ月も経つと，標的人物自身が学習時にど

1）McGehee（1937）では統計的分析を行っていないため，実際のところ，テストを実施したのが3ヶ月後と1日後の同定テスト成績に有意差があったかはわからない。

のように話していたかを思い出せない可能性があることから，3ヶ月後のほうが1日後よりも学習時とテスト時で同じように話すことは困難であったと思われる。このことから，学習してからテストまでの時間間隔が1日から3ヶ月へと長くなるにつれて，同定テスト成績が下がった結果については，学習とテスト間で標的人物の話し方が一貫していないことによる影響の可能性もあり，時間間隔の影響からのみで説明することは難しいと思われる。このように，実験者から話者に対して数ヶ月前と同じように話すように求めても，学習時にどのように話していたのかを忘れてしまい，実際に話者が数ヶ月前と同じように話すことは難しいことが予想されるため，生の声というのは，実験者が統制しにくいものであるといえる。その点，録音された音声の場合，実験以前に刺激を作成するため，学習刺激とテスト刺激で一貫した発音の仕方になっていない場合は，録り直すこともできるため，学習時とテスト時で一貫した発音の音声を用意しやすいという点で，話者の発話については実験者の統制下にあるといえる。このような利点もあるため，McGehee（1937）以降の研究では，録音された音声が用いられるようになった。

　録音された音声を実験で使う場合，その方法は大きく3つに分類できる。1つめは，学習段階とテスト段階で，同一の音声刺激（録音は1回だけ）を用いる方法であり，2つめは，学習段階とテスト段階で，同一のセリフで，異なる音声刺激（録音は2回）を用いる方法であり，3つめは，学習段階とテスト段階で，異なるセリフで，異なる音声刺激（録音は2回）を用いる方法である。これらの中で，標的人物の音声刺激において，テスト刺激が学習刺激と同か異かという観点で考えると，同であるのは，学習段階とテスト段階で，同一の音声刺激（録音は1回だけ）を用いる方法のみであり，他の2つの方法は異であるといえる。このような方法の違いが，課題遂行においてどのように異なるのかについて説明していく。

　まず，学習段階とテスト段階で，同一の音声刺激（録音は1回だけ）を用いる方法は，生態学的妥当性の観点からは，日常場面では起こり得ない状況で

あるため，その結果を，日常場面における「あのときに聴いた話者であることがわかる」という判断過程の説明にそのまま当てはめることはできない。また，同じ話者の音声であると同定できるかどうかを検討したいのに，同じ音声刺激を学習とテストで用いると，未知話者の音声の記憶以外の情報，例えば，学習時と同じタイミングでノイズが聴こえたというように，背景雑音の記憶などが判断に使えてしまうことが懸念される。しかし，現実場面で同じ話者の音声だと同定する際の判断過程には，背景雑音で判断することは含まれない。さらに，Read & Craik（1995）は，学習段階とテスト段階で同一の音声刺激であれば，学習段階で提示する標的人物の音声の提示時間の長さが短くても再認テスト成績には影響しないと述べている。実際，学習段階とテスト段階で同一の音声刺激を用いた Bull et al.（1983）の実験は，学習段階で提示する標的人物の音声の提示時間の長さは約3秒だったが（「今夜6時にナショナル・ウエストミンスター銀行の前で会おう」），再認テスト成績が偶然の水準よりも高いという結果になった。一方で，学習段階とテスト段階で異なる音声刺激を用いた Yarmey et al.（1994）の実験は，学習段階で提示する標的人物の音声の提示時間の長さは約15秒だったが，同定テスト成績が偶然の水準と同程度という結果になった。ただし，Bull et al.（1983）の実験では，参加者には標的人物の音声の学習意図があったこと（意図学習），また，テストまでの記憶の保持期間の長さが5秒であったこと，一方で，Yarmey et al.（1994）の実験では，参加者には標的人物の音声の学習意図がなかった可能性があること（偶発学習），また，テストまでの記憶の保持期間の長さが3分であったこと，というこれらの2つの相違点がそれぞれのテスト成績に影響している可能性もある。とはいえ，学習段階とテスト段階で音声刺激が異なる録音刺激の場合に，学習段階の標的人物の音声の提示時間が長ければ長いほど成績がよいということ，すなわち，学習段階で提示する標的人物の音声の提示時間の長さに影響を受けるということが多くの研究で報告されている（例えば，Yarmey & Matthys, 1992; Cook & Wilding, 2001）。もし，Read & Craik

（1995）のいう通り，学習段階とテスト段階で音声刺激が同一の録音刺激の場合に，学習段階で提示する標的人物の音声の提示時間の長さが短くても再認テスト成績には影響しないのであれば，学習段階とテスト段階で音声刺激が同一の録音刺激であるときの話者の音声の記憶の研究は，学習段階とテスト段階で音声刺激が異なる録音刺激であるときの話者の音声の記憶の研究と区別した上で，同一の録音刺激であるときの話者の音声の記憶の研究は，話者同定の手続きとしては望ましくないものとして扱う必要があろう。

提示されるテスト刺激が1つか複数か　McGehee（1937）の実験では，同定テスト刺激として，標的人物1名とフィラー人物4名の計5名の音声刺激を提示した。すなわち，提示されるテスト刺激の数は1つではなく複数であった。McGehee（1937）の研究以降に，これまでどのような回答手続きが使われてきたのか。まず，提示手続きについては，大きく2種類に分類される。1つめは，標的人物の音声または標的人物の音声以外の音声刺激のいずれか1つの音声刺激を単独で提示する手続きで，ショウアップ（showup）手続きと呼ぶ。2つめは，標的人物の音声を含むまたは含まない複数の音声刺激を順に提示する手続きで，ラインナップ（lineup）手続きと呼ぶ。実際の実験パラダイムの例として，ショウアップ手続きとラインナップ手続きの同定テスト成績を比較したYarmey et al.（1994）の研究を紹介する。

Yarmey et al.（1994）の実験は，ショッピングセンター，公道，バスターミナル，大学の歩道などの公共の場所で行われた。いわゆるフィールド実験であり，参加者は，その場にいる人達であった。まず，標的人物にあたる女性1名が参加者に声をかけた。その際，標的人物は参加者に対して，建物などの特定の場所までの道順を尋ねたり，失くしたジュエリーを探してもらえないか頼む形で声をかけた。すなわち，顔も見える状況であった。標的人物が去った2分後に，標的人物ではない，調査員にあたる女性1名が参加者に声をかけ，知覚と記憶に関する研究に参加するよう求めた。なお，調査員の髪型と服装は標的人物と異なる一方で，調査員の年齢，体重，身長は標的人

物に似ていた。参加者に，8つの標的人物の特徴（身長，年齢，体重など）に関するテストに回答すること，また，標的人物と会話していた時間の長さを推定することを求めた。これらのテストに約3分かかった。それから参加者に，録音された音声を提示した（「潮が引き，太陽がビーチの白い砂を照らしていた」）。このとき，ある参加者には，標的人物1名の音声を提示した（ショウアップ手続きで，標的人物の音声を提示する条件）。別の参加者には，プールされた未知話者の中で，標的人物の音声と最も似た音声を持つ非標的人物1名の音声を提示した（ショウアップ手続きで，標的人物の音声を提示しない条件）。また，別の参加者には，標的人物1名および標的人物の音声と中程度に似た音声を持つディストラクター人物5名の計6名の音声を提示した（ラインナップ手続きで，標的人物の音声を提示する条件）。さらに，別の参加者には，プールされた未知話者の中で，標的人物の音声と最も似た音声を持つ非標的人物1名および標的人物の音声と中程度に似た音声を持つディストラクター人物5名の計6名の音声を提示した（ラインナップ手続きで，標的人物の音声を提示しない条件）。なお，上記の4つ全ての条件で，参加者に対して，提示された音声の中には標的人物がいるかもしれないし，いないかもしれないということを伝えた。また，上記4つのどの条件でも，参加者が，標的人物だと思う1人を選択するか，あるいは，「いない」を選択するか，いずれかの判断を下すまで，録音された音声を繰り返し再生した。そして回答後，その判断の正確さについて確信度を7件法で評価するように求めた。その結果，同定テスト段階において標的人物の音声を提示する条件でショウアップ手続きとラインナップ手続きの同定テスト成績を比較したところ，標的人物の音声を正しく選んだ率が高かったのは，ラインナップ手続き（9％）よりもショウアップ手続き（28％）のほうであった。ただし，ラインナップ手続きは偶然の水準（17％）とは有意差はなく，ショウアップ手続きは偶然の水準（50％）よりも有意に低かったことから，ショウアップ手続きがより正確な判断がしやすい提示手続きであるとは必ずしもいえない。また，同定テスト段階にお

10

いて標的人物の音声を提示しない条件では，正棄却率が高かったのは，ラインナップ手続き（2%）よりもショウアップ手続き（70%）のほうであった。なお，ショウアップ手続きは偶然の水準（50%）よりも有意に高かったが，ラインナップ手続きは偶然の水準（17%）よりも有意に低かった。

Yarmey et al. (1994) の実験で，標的人物の音声を提示する条件においてショウアップ手続きのほうがラインナップ手続きよりも標的人物の音声を正しく選んだ率が高かったのは，テスト刺激として標的人物以外に，ディストラクター人物が提示されるかどうかに原因があると思われる。ラインナップ手続きは，ショウアップ手続きにはない，ディストラクター人物を提示する方法である。つまり，ディストラクター人物として，標的人物の音声と似た音声を持つものを提示したとき，一定数の参加者が，標的人物だと思う1人として，ディストラクター人物を選択することで，ラインナップ手続きにおける標的人物の音声を正しく選んだ率が結果として下がることが考えられる。実際に，Yarmey et al. (1994) の実験では，標的人物の音声を提示する条件において，非標的人物ほどに高い類似性ではなくても，標的人物の音声と中程度に似た音声を持つものをディストラクター人物として選定していた。具体的な手順を説明する。52名の評定者が一対比較法で，2名の標的人物の音声と92名の女性の音声の類似性を7件法で評価した。なお，92名の女性は2名の標的人物と，同じ年齢・地域背景を持つ。52名の評定者が，2名の標的人物の音声に最も似ている音声を持つと評価した2名の音声（非標的人物）を，ショウアップ手続きとラインナップ手続きの，標的人物の音声を提示しない条件における標的人物の代わりとして提示した。そして，52名の評定者が，2名の標的人物の音声に中程度に似ている音声を持つと評価した音声を，テスト刺激におけるディストラクター人物として提示した。すなわち，標的人物を提示する条件で，ショウアップ手続きでは標的人物だけが提示されるのに対して，ラインナップ手続きでは標的人物だけでなく標的人物の音声に中程度に似ている音声が提示されることになる。また，未知話者の同定判断

では，聴覚の基本的なパラメータ（例えば，声の高さ）を照合するという特徴分析（featural analysis）が行われると考えられている（Kreiman & Sidtis, 2011; Stevenage, 2018; Van Lancker et al., 1985a; Van Lancker et al., 1985b; Van Lancker & Kreiman, 1987）。つまり，学習時に聴いた標的人物の音声とテスト刺激が似ているか異なるかを判断するために，聴覚の基本的なパラメータを照合することが行われるということから，一定数の参加者が，標的人物の音声に中程度に似ているディストラクター人物を標的人物だと思う1人として選択することは十分に起こり得ると考えられる。従って，Yarmey et al.（1994）の実験で，標的人物の音声を提示する条件においてショウアップ手続きのほうがラインナップ手続きよりも標的人物の音声を正しく選んだ率が高かったのは，ラインナップ手続きは，ディストラクター人物を提示する方法であることと，そのディストラクター人物が標的人物の音声に中程度に似ていたことが，原因の1つであると思われる。このように，テスト刺激の提示手続きによって，結果の解釈が変わるほどに同定テスト成績に影響があるのは看過できない問題であるといえる。さらに，ラインナップ手続きにおいては，大きく分けて2種類の反応のタイミングがある。1つめは，全ての音声刺激を聴いた後に，標的人物だと思う1人を選択する手続き（serial procedure）である。そして，2つめは，全ての音声刺激を聴かなくても，標的人物だと思う1人を選択した時点で回答が確定する手続き（sequential procedure）である。これら2種類の反応のタイミングの違いが，課題遂行においてどのように異なるのかについて説明する。

　ラインナップ手続きにおける反応のタイミング　McGehee（1937）の実験では，全ての音声刺激を聴いた後に，標的人物だと思う1人を選択する手続きと，全ての音声刺激を聴かなくても，標的人物だと思う1人を選択した時点で回答が確定する手続きのいずれかの回答手続きを参加者に選ぶように求めた。その結果，全ての音声刺激を聴いた後に，標的人物だと思う1人を選択する手続きで回答する参加者が多かった。すなわち，2種類の回答手続き

で参加者の数に偏りが生じていることになる。また，1つの実験で，2種類の回答手続きを用いたことになるが，いずれかの回答手続きだけに，例えば，「標的人物である」という判断を控えるような，同定テスト成績の高低に関わるような影響があるならば，McGehee（1937）で得られた結果については慎重に扱う必要がある。それでは，実際に，2種類の回答手続きで課題遂行に違いがあるのだろうか。そこで，2種類の回答手続きの同定テスト成績を比較した Smith et al.（2020）の実験結果を紹介する。

　Smith et al.（2020）の実験では，まず参加者に，学習段階として，標的人物の録音された音声を聴かせた（30秒）。その内容は，犯罪についての会話で，インタビュアの音声は切り抜きして，標的人物の音声のみが残るように編集したものであった。このとき，参加者には，後に会話内容について質問するというように伝えただけで，同定テストがあることは伝えなかった。学習段階の後，挿入課題として，参加者に，5分間で文字列の中からできるだけ多くの単語を見つけるように指示した。次に参加者に，同定テスト段階として，9名の録音された音声を提示し（各15秒），標的人物を同定するように求めた。なお，9名の録音された音声には，標的人物の音声が含まれる場合と標的人物の音声が含まれない場合があった。標的人物の音声が含まれる場合は，1名の標的人物の音声と，8名のディストラクター人物の音声を提示したのに対して，標的人物の音声が含まれない場合は，標的人物の音声の代わりに1名の非標的人物の音声と，8名のディストラクター人物の音声を提示した。非標的人物は，ディストラクター人物の中でも特に標的人物の代わりに誤って「標的人物である」と選ばれやすい未学習人物であった。また，8名のディストラクター人物は，標的人物の音声が含まれる場合も，含まれない場合も，共通であった。発話内容は学習段階とは別の内容であり，警察による取調べを模したもので，警察の質問に答える形で発話したため，各話者で発話内容は異なった。このとき，ある参加者には，全ての音声刺激を聴かなくても，標的人物だと思う1人を選択した時点で回答が確定することを

伝えた。すなわち，最初に「はい」と反応した音声刺激を，標的人物だと思う1人として選択したと見なすことを伝えた。なお，全部で何人の音声を提示するかは伝えなかった。参加者には，1つの音声刺激を聴くたびに，その音声が標的人物のものだと思うときは「Y」キー（「はい」），標的人物のものではないと思うときは「N」キー（「いいえ」）を押すように求めた。そして，別の参加者には，全ての音声刺激を聴いた後に，標的人物だと思う1人を選択するように求めた。このとき，9名の録音された音声を，必ず2回ずつ聴く必要があり，9名の録音された音声は2回とも同じ順番で流された。また，音声が流れると同時に，音声番号を視覚的に表示した。そして，全ての音声を2回ずつ提示した後，キーボードの数字（0から9）を押して回答するように求めた。標的人物がいると思うときは，その該当する音声番号のキーを押し，標的人物がいないと思うときは「0」を押すように指示した。これらの判断はセルフペースで行われた。全ての参加者には，標的人物がいる可能性もあれば，いない可能性もあることを伝えた。また，標的人物の提示順序は参加者間でカウンターバランスされ，早い位置（9番中3番目）か遅い位置（9番中7番目）のいずれかで提示した。全ての回答を完了した後，参加者に，その判断の正確さについて確信度を7件法で評価するように求めた（0：まったく自信がない－10：非常に自信がある）。その結果，全ての音声刺激を聴かなくても，標的人物だと思う1人を選択した時点で回答が確定する手続きのほうが，全ての音声刺激を聴いた後に，標的人物だと思う1人を選択する手続きよりも，同定テスト成績が優れていた。具体的には，全ての音声刺激を聴かなくても，標的人物だと思う1人を選択した時点で回答が確定する手続きにおける標的人物の音声を提示した場合の標的人物の音声を正しく選んだ率は39％であり，標的人物の音声を提示しなかった場合の正棄却率は17％である一方で，全ての音声刺激を聴いた後に，標的人物だと思う1人を選択する手続きにおける標的人物の音声を提示した場合の標的人物の音声を正しく選んだ率は17％であり，標的人物の音声を提示しなかった場合の正棄

却率は10%であった。また，全ての音声刺激を聴かなくても，標的人物だと思う1人を選択した時点で回答が確定する手続きにおける標的人物の音声を提示した場合の標的人物の音声を正しく選んだ率のみが，偶然の水準（10%）を上回った。全ての音声刺激を聴いた後に，標的人物だと思う1人を選択した参加者は，各音声を2回ずつ聴くことができたが，全ての音声刺激を聴かなくても，標的人物だと思う1人を選択した時点で回答が確定した参加者は，各音声を1回しか聴くことができなかったという違いがあったにも関わらず，全ての音声刺激を聴かなくても，標的人物だと思う1人を選択した時点で回答が確定する手続きのほうが同定テスト成績がよいという結果になった。しかし，全ての音声刺激を聴かなくても，標的人物だと思う1人を選択した時点で回答が確定する手続きにおいてテスト刺激に標的人物の音声が含まれる場合に，8名のディストラクター人物の音声を誤って選んだ率は57%で，全ての音声刺激を聴いた後に，標的人物だと思う1人を選択する手続きにおいてテスト刺激に標的人物の音声が含まれる場合に，8名のディストラクター人物の音声を誤って選んだ率は71%と，いずれの回答手続きもディストラクター人物の音声を誤って選んだ率が高い傾向にあった。すなわち，テスト刺激に標的人物の音声が含まれる場合において，標的人物の音声を選んだ率は偶然の水準よりも高いが，それでもまだまだ低い値であるといえる。それでは，テスト刺激に標的人物の音声が含まれる場合において，標的人物の音声を選んだ率がこのように低い値になったのはなぜか。それについては，以下の通り説明できる。

　Smith et al. (2020) の実験では，全ての音声刺激を聴かなくても，標的人物だと思う1人を選択した時点で回答が確定する手続きおよび，全ての音声刺激を聴いた後に，標的人物だと思う1人を選択する手続きはいずれも，「テスト刺激に標的人物の音声が含まれていない」という選択肢を含めて，最終的には1つの選択肢を選ぶ必要がある。すなわち，1つが選ばれるということは残りの選択肢は選ばれないというトレードオフの関係にあるといえ

る。このとき，ディストラクター人物として，標的人物の音声と似た音声を
持つものが選択肢に含まれていれば，一定数の参加者が，標的人物だと思う
1人として，ディストラクター人物を選択することで，全ての音声刺激を聴
かなくても，標的人物だと思う1人を選択した時点で回答が確定する手続き
および，全ての音声刺激を聴いた後に，標的人物だと思う1人を選択する手
続きにおける標的人物の音声を正しく選んだ率が下がり，代わりに，ディス
トラクター人物の音声を誤って選んだ率が上がることが考えられる。そして，
ディストラクター人物の音声を誤って選んだ率が上がるのは，全ての音声刺
激を聴いた後に，標的人物だと思う1人を選択する手続きにおいてより顕著
なようである。その原因には，おそらく，特徴分析を用いた判断過程におい
て，どの音声とどの音声の，聴覚パラメータを照合するのかが影響している
と思われる。全ての音声刺激を聴いた後に，標的人物だと思う1人を選択す
る手続きは，全ての音声刺激を比較して最も標的人物の音声に似ていると思
うものを選ぶという判断になり得るため，テスト刺激同士で比較して，学習
時の標的人物の音声の聴覚パラメータに最も似ているものが選ばれることに
なる。一方で，全ての音声刺激を聴かなくても，標的人物だと思う1人を選
択した時点で回答が確定する手続きは，それぞれの音声刺激ごとに学習時の
標的人物の音声に似ているかどうかを判断することになり得るため，学習時
の標的人物の音声と，提示されたテスト刺激の聴覚パラメータを照合して，
似ているものが選ばれることになる。従って，全ての音声刺激を聴いた後に，
標的人物だと思う1人を選択する手続きのほうが，テスト刺激同士を比較し
て相対的に学習時の標的人物の音声の聴覚パラメータに最も似ているものを
選ぶことになることにより，ディストラクター人物の音声を標的人物のもの
として選びやすく，結果として，標的人物の音声を選んだ率が下がりやすい
のではないかと考えられる。いずれにしろ，上記のことが起こり得るのは，
ディストラクター人物の音声が，標的人物の音声と似たものであるときであ
ろう。実際，Smith et al.（2020）の実験では，標的人物の音声と似たものが

ディストラクター人物の音声として選定されており，そのディストラクター人物の音声の選定方法は以下の通りである。

　Smith et al.（2020）の実験では，男性の音声が用いられた。また，標的人物は 3 名おり，それぞれの標的人物の音声が持つ基本周波数（f_o）からの類似性に基づいて，テストセットに含まれる非標的人物およびディストラクター人物の音声を選定した。基本周波数とは，周期的な波形をもつ複合音において，その周期に相当する最も低い周波数成分である基音の周波数のことである（松永，2021）。標的人物は 3 名おり，それぞれの音声の基本周波数に基づいて 3 つのテストセットを設けた（高・中・低）。それぞれのテストセットには，標的人物 1 名と，その標的人物の音声の基本周波数と同程度の基本周波数の音声を持つ非標的人物 1 名とディストラクター人物 8 名の計10名が含まれた。すなわち，それぞれのテストセットのうち，テスト段階で提示するテスト刺激の中に標的人物の音声が含まれる場合は，標的人物 1 名とディストラクター人物 8 名が提示され，テスト段階で提示するテスト刺激の中に標的人物の音声が含まれない場合は，非標的人物 1 名とディストラクター人物 8 名が提示された。そして，音声の基本周波数が低いテストセットは，10名の音声の平均基本周波数が 90Hz で，標的人物の音声の基本周波数は 88Hz，非標的人物の音声の基本周波数は 92Hz であり，音声の基本周波数が中程度のテストセットは，10名の音声の平均基本周波数が 103Hz で，標的人物の音声の基本周波数は 107Hz，非標的人物の音声の基本周波数は 103Hz であり，音声の基本周波数が高いテストセットは，10名の音声の平均基本周波数が 118Hz で，標的人物の音声の基本周波数は 111Hz，非標的人物の音声の基本周波数は 129Hz であった。なお，基本周波数は声の高さの知覚と密接な関係があるとされているため（木戸他，2002），3 つのテストセットはそれぞれ，声の高さが低いテストセット，声の高さが中程度のテストセット，声の高さが高いテストセットを示すと考えられる。そして，各テストセットの公平性をチェックするため，パイロットテストが行われた。まず第 1 段階と

して，5名の参加者が，標的人物3名の音声に対する，いくつかの質問に答えた。その内容は以下の通りである。まず，その人物が何歳だと思うか，なまりがあるかどうか，なまりがあるならばそれはどのようなななまりか，という質問に回答した。次に，声の高さを7件法（1：低い―7：高い）で，話す速さを7件法（1：非常に遅い―7：非常に速い）で評価した。最後に，それぞれの音声に特徴があるかどうか，あるとすればそれは何か，という質問に回答した。これらの質問への回答から，3名の標的人物の音声それぞれのモーダル記述が作成された[2]。次に第2段階として，65名の参加者が，標的人物の音声が含まれるテストセットを聴くグループ（$n=34$）と，標的人物の音声が含まれないテストセットを聴くグループ（$n=31$）に参加した。それぞれのグループの参加者には，第1段階の回答から作成した，3つの標的人物の音声のモーダル記述のうちの1つを読み，3つのテストセットうちの1つを聴いた後に，そのテストセットの中から読んだモーダル記述に合致する音声刺激を選択するように求めた。この手続きを，声の高さが低いテストセット，声の高さが中程度のテストセット，声の高さが高いテストセットで繰り返し行った。そして，それぞれのテストセットにおいて，標的人物の音声のモーダル記述に当てはまる，ディストラクター人物の音声の数を算出した（Tredoux, 1998）。その結果，標的人物の代わりに，標的人物の音声と同じ人物のものだと選ばれてしまうくらい，似ている特徴を持つ音声が非標的人物の音声およびディストラクター人物の音声としてテストセットに含まれていることが確認できた。このことから，Smith et al. (2020) の実験でも，標的人物の音声と似ているものがディストラクター人物の音声として選定されていたといえる。とはいえ，そもそも回答手続きによって，同定テスト成績に違いが出てしまうことは，大きな懸念点である。なぜなら，例えば，音声刺激の

2）モーダル記述とは，おそらく，パイロットテストの第1段階で得られた質問に対する回答から作成した，それぞれの標的人物の特徴やその音声の特徴を記述したものであると思われる。ただし，Smith et al. (2020) がモーダル記述について言及していないため，これらは推測であることに注意されたい。

18

提示時間の影響といった，同じ要因を検討したとしても，回答手続きが違うことで結果が異なってしまい，最終的には，その結果から導かれる知見が異なってしまうことになるからである。そうならないためにも，最終的にどの音声を選んだかという選択率ではなく，どの音声に対してどの程度，標的人物の音声だと思ったかを可視化する必要があるのではないか。それでは，McGehee (1937) の研究以降には，どのような回答手続きが用いられてきたのか。これまで紹介した回答手続きを含めて概観する。

テスト刺激に対する回答手続き　先述した通り，McGehee (1937) では，全ての音声刺激を聴いた後に，標的人物だと思う1人を選択する手続きと，全ての音声刺激を聴かなくても，標的人物だと思う1人を選択した時点で回答が確定する手続きが回答手続きとして用いられていた。改めて，これらの回答手続きも含め，McGehee (1937) の研究以降に用いられてきた回答手続きについて概観する。

　ショウアップ手続きでは，1つの音声刺激を単独で提示するため，回答手続きは，「はい（標的人物である）」か「いいえ（標的人物ではない）」のいずれかの判断をする「諾否判断」になる。一方で，ラインナップ手続きでは，標的人物の音声を含むまたは含まない複数の音声刺激を順に提示するため，回答手続きは，全ての音声刺激に対して反応するか，1つの音声刺激に対して反応するかによって異なる。全ての音声刺激に対して反応するときは，はい／いいえの「諾否判断」となる。一方で，1つの音声刺激に対して反応するときは，必ず1つの音声刺激を選択してもらうという「強制選択」となる。また，必ずどれかを選ぶ「強制選択」以外にも，選択肢に「いない」を含む回答手続きがある。とはいえ，強制選択のときも，選択肢に「いない」を含む回答手続きのときも，全ての音声刺激を聴かなくても，標的人物だと思う1人を選択した時点で回答が確定する手続きおよび，全ての音声刺激を聴いた後に，標的人物だと思う1人を選択する手続きのいずれかの方法になる。

　このように，1つまたは複数の音声に対して標的人物のものかどうかを判

断したり，あるいは，複数の音声から標的人物のものだと思うものを1つ選択したり，未知話者の音声の記憶を検討するためにさまざまな記憶課題が使用されてきた。そして，これらの記憶課題には分類方法が提案され，古くから議論されてきた。次節では，これまで，話者の音声の記憶課題がどのように分類されてきたのかについて説明する。

第2節　話者の音声の記憶の研究における記憶課題の分類方法

このように，1つまたは複数の音声に対して標的人物のものかどうかを判断したり，あるいは，複数の音声から標的人物のものだと思うものを1つ選択したり，話者の音声の記憶を検討するためにさまざまな記憶課題が使用されてきた。そして，これらの話者の音声の記憶の課題の分類方法については古くから議論されてきた。最初の分類方法として Bricker & Pruzansky (1976) は，(a)記憶課題の回答手続き，(b)音声刺激の提示手続き，という2つの特徴に基づいた分類方法を提案した（Figure 1-1）。

まず，Bricker & Pruzansky (1976) は話者再認課題を同定 (identification) と評価 (evaluation) の2つに分けた。「同定」とは「…利用可能な反応の一部または全てが個々の話者を示すもの…（Bricker & Pruzansky, 1976, p. 301)」と定義されており，例えば，Clarke & Becker (1969) や McGehee (1937) の研究のように，標的人物の音声を提示したあとに，テスト刺激の音声が提

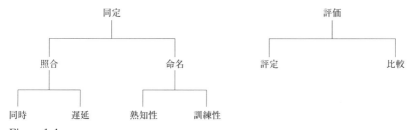

Figure 1-1
話者再認の課題の分類方法（Bricker & Pruzansky, 1976, p. 302, Figure 9.2）

示されて，標的人物のものを選択するという課題が「同定」に分類される。また，「評価」とは「…聴者が何らかの属性，次元，特性について刺激音声の価値を判断することを要求する課題…（Bricker & Pruzansky, 1976, p. 301)」と定義されており，例えば，Schwartz（1968）や Shipp & Hollien（1969）の研究のように，話者の音声に対して，年齢や性別などを判断するという課題が「評価」に分類される。

　そして，Bricker & Pruzansky（1976）は「同定」を照合（matching）と命名（naming）の2つに分けた。「照合」とは「テスト刺激を判定する試行中に，反応カテゴリーを規定する比較刺激が提示されるもの（Bricker & Pruzansky, 1976, p. 303)」と定義されており，例えば，先述した，Clarke & Becker（1969）や McGehee（1937）の研究のように，標的人物の音声を提示したあとに，テスト刺激の音声が提示されて，標的人物のものを選択するという課題が「照合」に分類される。また，「命名」とは「…聴者は判断試行の前に，反応選択肢に対応する音声サンプルの経験を獲得している…（Bricker & Pruzansky, 1976, p. 302)」と定義されており，例えば，Compton（1963）の研究のように，テスト刺激の音声が提示されて，その音声の話者のラベリングを行うという課題が「命名」に分類される。ラベリングというのは，その話者の氏名を当てることもあれば，それ以外を当てることもある（例えば，「氏名は知らないけど，ドラえもんの声を担当している声優だ」というように，必ずしも氏名を知らなくても，あるキャラクターの音声を担当している人だとわかる場合など）。次に，「照合」は同時（contemporary）と遅延（delayed）の2つに分けられた[3]。「同時」とは「…テスト刺激が提示される試行中に，聴者に1つ以上の比較刺激が提示される…（Bricker & Pruzansky, 1976, p. 303)」と定義されており，例えば，Clarke & Becker（1969）の研究のように，標的人物の音声を提示したあ

3）「contemporary」の辞書的な意味は「同時期に起こる」というものであるが，ここでは，「delayed」をタイミングのラグがあるという観点から「遅延」と訳すことに合わせて，「contemporary」をタイミングのラグがないと観点から「同時」と訳すことにした。

と，すぐに，テスト刺激の音声が提示されて，標的人物のものを選択するという課題が「同時」に分類される。また，「遅延」は定義について明記されておらず，例えば，McGehee（1937）の研究のように，標的人物の音声を提示したあとに，数時間や数ヶ月ほど時間を置き，テスト刺激の音声が提示されて，標的人物のものを選択するという課題が「遅延」に分類される。また，「命名」は熟知性（familiar）と訓練性（trained）の2つに分けられた。「熟知性」とは「…聴者は実験前に，通常の仕事や社会的接触を通じて，話者の音声に慣れていた。われわれはこの課題を親しみのある話者の命名と呼ぶことにする（Bricker & Pruzansky, 1976, p. 302)」と定義されており，例えば，Yarmey et al.（2001）の研究のように，いわゆる学習段階はなく，実験が始まってすぐに，テスト刺激の音声が提示されて，よく知っている話者であればその人物の氏名を回答するという課題が「熟知性」に分類される。また，「訓練性」は定義について明記されておらず，例えば，Williams（1964）の研究のように，標的人物の音声の学習時間は実験者の統制下にあり，実験が始まってすぐに，ペア連想課題を用いて標的人物の音声を参加者に学習させるという課題が「訓練性」に分類される（Bricker & Pruzansky, 1976）。

　そして，Bricker & Pruzansky（1976）は「評価」を評定（rating）と比較（comparison）の2つに分けた。「評定」とは「…1度に1つの音声サンプルと1つ以上の属性尺度を含む評価作業を指す（Bricker & Pruzansky, 1976, p. 302)」と定義されており，例えば，Schwartz（1968）や Shipp & Hollien（1969）の研究のように，話者の音声に対して，年齢や性別などを判断するという課題が「評定」に分類される。また，「比較」とは「…2つ以上のサンプルの比較評価…（Bricker & Pruzansky, 1976, p. 302)」と定義されており，Bricker & Pruzansky（1976）はその例となる文献はないと明記した上で，例えば，ペアワイズ類似性判断のような2つ以上の音声刺激を比較して評価した課題が「比較」に分類されるとした。

　しかし，Bricker & Pruzansky（1976）の分類方法は Brown（1979）によ

り問題点が指摘されており，それは，「照合（matching）」は短期記憶に関連すると述べたにも関わらず，その「照合」の下位分類には「遅延（delayed）」が含まれている点である。具体的には，その「遅延」課題の例に挙げられたMcGehee（1937）では，数ヶ月単位の遅延が検討されており，すなわち，「遅延」の期間は，数秒から数分という短期記憶のタイムスパンの見積もりには値しないことから，むしろ，「照合」は短期記憶だけではなく長期記憶にも関連するといえる。以上のことから，Brown（1979）は，カテゴリーの不適合が生じていることを批判し，Bricker & Pruzansky（1976）の分類方法の改訂版としてタイムスパンに基づいた分類方法（Figure 1-2）を提案した。

　Brown（1979）のタイムスパンに基づいた分類方法について説明する。これは，Bricker & Pruzansky（1976）の「同時（contemporary）」と「遅延（delayed）」のような，学習刺激とテスト刺激の提示間隔だけではなく，結果として関連する記憶システムのタイムスパンの観点から分類したものであるという。そのため，カテゴリー分類の末端要素は，その記憶システムのタイムスパンを強調するように配置されており，すなわち，Figure 1-2 の左から右に行くにつれて，学習刺激の音声の記憶の保持期間が長くなることを表して

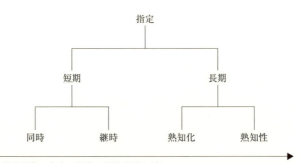

Figure 1-2
実験的な話者指定課題の分類（Brown, 1979, p.734, Figure 2）

いる。なお、同時（simultaneous）とは、テープレコーダーを用いて、録音した2つのトラックを重ねるダブルトラッキングを行うことで、2つの音声刺激を同時に提示することを指す[4]。継時（sequential）とは、テスト刺激を、学習刺激の後に提示することを指す。また、熟知化（familiarized）とは、(a)音声刺激がテストのかなり前に参加者に提示され、リハーサルを通じて長期記憶に保存されたパターン（例えば、Bricker & Pruzansky, 1976の「訓練性（trained）」にあたると考えられる）、(b)音声刺激がテストの前に提示されたパターン（例えば、McGehee (1937) の研究のように、標的人物の音声を提示したあとに、数時間や数ヶ月ほど時間を置き、テスト刺激の音声が提示されて、標的人物のものを選択するという課題）を指す。熟知性（familiar）とは、聴者は実験前に、通常の仕事や社会的接触を通じて、話者の音声に慣れていた状態を指す。このように、Brown (1979) の分類方法は、学習刺激の音声の記憶の保持期間で区分を定義することで、Bricker & Pruzansky (1976) の「照合（matching）」と「命名（naming）」という、どちらも意味的に誤解を招く用語の使用を避けることができるという。Brown (1979) における話者を同定するということは、音声の再認を扱うものであり、話者の氏名などの話者のアイデンティティをそれらの音声に当てる過程を扱うものではないという。すなわち、「命名」というカテゴリー名が、話者のアイデンティティをそれらの音声に当てる過程を扱うものという誤解を生じさせないために、「命名」というカテゴリー名の使用を避けたということである。Brown (1979) は、そのほかにも、同定（identification）、差異化（differentiation）、検証（verification）という用語の文字通りの意味に基づいた分類方法や、それをさらに実世界に基づいて整理した分類方法などを提案しているが、それらの分類方法の説明は割愛する。詳細は、Brown (1979) を参照されたい。

4）「simultaneous」の辞書的な意味は「同時に起こる」というものであるが、ここでは、「sequential」をある事象が時間的に続いているという観点から「継時」と訳すことに合わせて、「simultaneous」をある事象が時間的に重複しているという観点から「同時」と訳すことにした。

このように，Bricker & Pruzansky（1976）や Brown（1979）により，話者の同定についてさまざまな分類方法が提案されたが，それらの分類方法を用いて論じている論文はあまり見当たらないため，定着していないように思われる。その理由としては，おそらく，「同定（identification）」という用語を使おうにも，Bricker & Pruzansky（1976）や Brown（1979）の分類方法では，Clarke & Becker（1969）の研究のように，標的人物の音声を提示したあと，すぐに，テスト刺激の音声が提示されて，標的人物のものを選択するという，エピソード記憶ではない，短期記憶を検討した研究が含まれてしまうからであると思われる。これまで紹介してきた，McGehee（1937）をはじめ，Smith et al.（2020）や Yarmey et al.（1994）の研究は，エピソード記憶，すなわち長期記憶に基づいたものであるため，短期記憶課題の検討した研究を含む Bricker & Pruzansky（1976）や Brown（1979）が用いた「同定」という用語は使用できなかった可能性がある。そのため，1980年代以降もさまざまな分類方法が提案されてきた（例えば，Rosas et al., 2019; Yarmey, 2007）。Rosas et al.（2019）と Yarmey（2007）はともに，話者再認（speaker recognition）と話者同定（speaker identification）を以下の通りに定義した。まず，Yarmey（2007）の話者再認とは，何らかの理由で，音声刺激内の1つまたは2つ以上の音声に一般的に精通していることを指す。そして，話者同定とは，特定の人物の音声を1人または2人以上の人物の音声と区別する処理を指す。次に，Rosas et al.（2019）の話者再認とは，聴者にとって，その話者が既知話者であると主張するシナリオを指す。そして，話者同定とは，聴者が未知話者の音声を聴いて，以前聴いた話者と同一人物であると主張するシナリオを指す。

このように，いまだに記憶課題の分類方法は定まらず，すなわち，未知話者の音声の記憶課題を指す用語もさまざまである。そのため，少なくとも誤解を避けるためにも，本研究が対象とする未知話者の音声の記憶課題を下記の通りに定義する。

本研究における，未知話者の話者同定とは，Yarmey（2007）の話者同定
（speaker identification）であり，すなわち，特定の人物の音声を1人または2
人以上の人物の音声と区別する処理とする。典型的な手続きとしては，話者
同定テスト時に生のまたは録音された音声を聴き，音声の特徴や印象（例え
ば，声の高さや太さ）などを手がかりに，学習時に聴いた音声の話者と同一か
どうかを判断するものである。この際，学習時とテスト時の音声刺激自体は
異なるのが一般的であるという点で，音声再認とは区別される。音声再認は，
再認テスト時に提示された録音された音声刺激が学習時に提示された音声刺
激と同一かどうかを判断することであり，先述した通り，この課題遂行には
音声の特徴や印象だけでなく，背景雑音の記憶なども手がかりになり得る。
そのため，音声再認は，話者同定では役に立たない情報からでも再認が可能
であり，これは，音声の特徴や印象（例えば，声の高さや太さ）などを手がか
りに，学習時に聴いた音声の話者と同一かどうかを判断するという，本研究
における未知話者の話者同定の定義には当てはまらないといえる。また，こ
れも先述した通り，学習時とテスト時の音声刺激が同一という状況は，生態
学的妥当性の観点からは，日常場面では起こり得ない状況であるため，その
結果を，日常場面における「あのときに聴いた話者であることがわかる」と
いう判断過程の説明にそのまま当てはめることはできない。以上のことから，
本研究では，未知話者の話者同定を研究対象とし，既知話者および音声再認
について論じているわけではないので注意されたい。なお，これ以降，特に
表記がないときは，本論文における「話者」は，研究実施より以前には，そ
の音声を1度も聴いていない「未知話者」を指す。

第3節　話者同定の研究

1930年代から行われてきた話者同定研究であるが，同じ要因の検討でも，
その見解は研究間で一致していないことがある。その理由としては2つ考え
られる。1つは，これまでに述べたように，同定テスト段階における，テス

ト刺激の提示手続きや回答手続き，そして，結果として話者同定成績に影響し得る標的人物の音声とディストラクター人物の音声の類似性の違いが挙げられる。例えば，複数の音声から標的人物のものだと思う1つを選択するときは，ディストラクター人物の音声が，標的人物の音声と似ている音声であれば，一定数の参加者が，標的人物の音声に似ているディストラクター人物の音声を標的人物だと思う1人として選択することで，標的人物の音声を正しく選ぶ率が下がるということは十分に起こり得ることが考えられる。すなわち，テスト刺激の提示手続きや回答手続き，あるいは，標的人物の音声とディストラクター人物の音声の類似性などの実験手続きによってもその成績水準は異なるものであると考えられる。そして，もう1つは，剰余変数を統制できているかどうかの違いが挙げられる。例えば，McGehee（1937）の実験では，標的人物の音声を学習してからテストまでの時間間隔が長い場合に，同定テスト成績が下がるかどうかを検討していたが，その音声には生の声を用いており，3ヶ月も経つと，学習時にどのように話していたかを思い出せない可能性があることから，3ヶ月後と1日後で，話し方が異なるという，剰余変数が統制できていなかったことが考えられる。そのため，学習してからテストまでの時間間隔が1日から3ヶ月へと長くなるにつれて，同定テスト成績が下がった結果については，学習とテスト間で標的人物の話し方が一貫していないことによる影響の可能性もあり，時間間隔の影響のみから考察できるものではないと思われる。すなわち，話し方のような，剰余変数によってもその成績水準は異なるものであると考えられる。そのため，Yarmey（1995）は，特定の研究の標的人物の音声を正しく選んだ率やディストラクター人物の音声を誤って選んだ率の実験結果を，全参加者の正確な推定値として解釈するべきではなく，それよりも重要なことは，実験条件間の一貫した意味のある差異を発見することであると述べている。ゆえに，研究結果が研究間で一貫していない要因や，一貫しているが理論的な説明が不十分である要因については，実験手続きを見直したり，剰余変数を統制したりするこ

とによって，より厳密に再検討することは意義があると考えられる。それでは，これまでの話者同定研究では，どのような要因が検討され，また，どのように影響することが明らかになっているのか。そこで，ここでは，日常場面に寄与してさまざまな要因についてレビューする。なお，ここで扱わない耳撃証言に関わる要因については Yarmey（2007）のレビュー論文を参照されたい。

第4節　話者同定成績に影響を及ぼす要因

年齢　聴者の年齢により，話者同定成績に違いがあるかどうかを検討した結果，Öhman et al.（2013）は，子供（11-13歳），大人（平均29歳）で成績に違いがないことを報告した。なお，標的人物およびディストラクター人物の音声は子供ではなく大人の音声のみで，子供が標的人物の音声を正しく選んだ率は20.2％，大人が標的人物の音声を正しく選んだ率は19.4％であり，偶然の水準を有意に上回った（7名の音声および「いない」で8つの選択肢になるため，偶然の水準は12.5％になる）。一方，Mann et al.（1979）は，子供（6-16歳）と大人の話者同定成績を比較したところ，発達段階によって成績が異なることを報告した。具体的には，6歳児は，偶然の水準を超えないほどに話者同定成績が低く，また，8歳児のほうが6歳児よりも，また，10歳児のほうが8歳児および13歳よりも成績が高く，14歳のほうが13歳よりも成績が高かった。しかし，大人を上回ることはなく，10歳児と14歳と16歳だけが大人と変わらない成績となった。以上のことから，聴者の年齢により，話者同定成績に違いがあるといえるだろう。ただし，大人のほうが子供よりも話者同定成績が高いこともあれば，それが変わらないこともあり，その違いは，発達段階が関係している可能性がある。

性別　聴者の性別により，話者同定成績に違いがあるかどうかを検討した結果，いくつかの研究では，聴者の性別が話者同定成績に影響のないことを報告した（Yarmey, 1986; Yarmey & Matthys, 1992）一方で，聴者と話者で同性

のほうが異性よりも成績がよいと報告した研究もある（Roebuck & Wilding, 1993）。すなわち，Roebuck & Wilding（1993）の実験では，男性の聴者は，男性の話者のほうが女性の話者よりも，女性の聴者は，女性の話者のほうが男性の話者よりも，話者同定がしやすいということが明らかになった。以上の研究で結果に違いがあった理由としては，話者の性別が関連していると思われる。Yarmey（1986）と Yarmey & Matthys（1992）の実験では，男性の音声のみが提示された一方で，Roebuck & Wilding（1993）の実験では，男性と女性の音声が提示された。すなわち，標的人物に男性と女性が含まれた Roebuck & Wilding（1993）の実験では，異性よりも同性のほうが優先的に保持あるいは検索されたために，聴者と話者で同性のほうが異性よりも成績がよいという結果になったと考えられる。

　言語　聴者の母語により，話者同定成績に違いがあるかどうかを検討した結果，多くの研究が，聴者と同じ母語話者が標的人物のときのほうが，違う母語話者が標的人物のときよりも成績がよいことを報告した（Doty, 1998; Goggin et al., 1991; Köster & Schiller, 1997; Schiller & Köster, 1996; Thompson, 1987）。例えば，Thompson（1987）は，英語母語聴者にとって，英語母語話者のほうがスペイン語母語話者よりも，話者同定がしやすいことを報告した。また，Goggin et al.（1991）は，Thompson（1987）の結果を追試しただけでなく，スペイン語／英語母語聴者（バイリンガル）では，英語母語話者とスペイン語母語話者の間に話者同定成績に違いがないことを報告した。さらに，なまりの有無についても検討されており（Goggin et al., 1991; Goldstein et al., 1981; Stevenage et al., 2012; Thompson, 1987），例えば，Thompson（1987）は，スペイン語／英語母語話者（バイリンガル）が，英語，スペイン語，そしてスペイン語なまり英語を話す，3種類の音声刺激を用意した。なお，スペイン語なまり英語は，スペイン語／英語母語話者（バイリンガル）とは関係ないボランティアに，スペイン語なまり英語を録音してもらい，その録音したスペイン語なまり英語をできるだけ忠実に再現するように，スペイン語／英語母

語話者（バイリンガル）に求めた。その結果，スペイン語を理解できない英語母語聴者にとって，英語のほうが，スペイン語なまり英語よりも，話者同定がしやすいことを報告した。以上のことから，聴者にとってなじみのある母語やなまりを話す話者のほうが話者同定がしやすいといえる（Yu et al., 2019）。

口調　話者の口調により，話者同定成績に違いがあるかどうかを検討した結果，Öhman et al.（2013）は，学習段階で通常口調か怒り口調のどちらかの口調で話す標的人物の音声を提示した後，通常口調のテスト刺激でテストを行ったところ，話者の口調が話者同定成績に影響のないことを報告した。すなわち，学習とテストで音声の口調が同一か変化するかは話者同定成績に影響しないということを示している。一方で，Saslove & Yarmey（1980）は，学習段階で怒り口調で話す標的人物の音声を提示した後，通常口調か怒り口調のどちらかのテスト刺激でテストを行ったところ，学習段階と同じ口調である怒り口調のほうが，学習段階と違う口調である通常口調よりも，成績がよいことを報告した。つまり，学習とテストで音声の口調が同一か変化するかは話者同定成績に影響するということを示している。以上の研究で結果に違いがあった理由としては，2つ考えられる。1つは，学習とテストで音声の口調の変化にあたる条件は，Öhman et al.（2013）と Saslove & Yarmey（1980）ともに，学習段階で怒り口調を聴き，テスト段階で通常口調を聴くというものであるのに対して，学習とテストで音声の口調の同一にあたる条件が，Öhman et al.（2013）は通常口調であり，Saslove & Yarmey（1980）は怒り口調であるという違いがあることである。Saslove & Yarmey（1980）の研究では，学習段階と同じ口調である怒り口調のほうが，学習段階と違う口調である通常口調よりも，成績がよいという結果が得られていることから，学習とテストで音声の口調の同一にあたる条件が，怒り口調のほうが通常口調よりも成績がよい可能性がある。もう1つは，同定テストの難易度が関係していると思われる。Öhman et al.（2013）の研究では，同定テスト段階に

おける，テスト刺激の提示手続きは，複数の音声刺激を順に提示するライン
ナップ手続きであり，その回答手続きは，必ず1つの音声刺激を選択しても
らう強制選択で「（標的人物の音声が含まれて）いない」という選択肢があった。
そして，このテスト刺激には，標的人物の音声とかなり似ているディストラ
クター人物の音声が含まれていた。通常口調と怒り口調のそれぞれの標的人
物の音声を正しく選んだ率は明記されていないが，以上のことから，
Öhman et al. (2013) の同定テストは難易度が高いと推察される。一方で，
Saslove & Yarmey (1980) の研究では，論文に書かれている内容から，学習
段階で提示した標的人物の怒り口調の音声刺激と，テスト段階で提示した標
的人物の怒り口調の音声刺激が同一の刺激であった可能性が読み取れる。よ
って，Saslove & Yarmey (1980) の同定テストは，学習段階も怒り口調を聴
き，テスト段階も怒り口調を聴く条件においてのみ，難易度が低いと推察さ
れる。これらのことから，話者の口調により，話者同定成績に違いがあるか
どうかについての結論はまだ出せないため，今後の研究に期待される。

　顔提示　学習段階で話者の顔が見えるかどうかにより，話者同定成績に違
いがあるかどうかを検討した結果，Armstrong & McKelvie (1996) は，学
習段階で話者の顔が見えることが話者同定成績に影響のないことを報告した。
一方で，Cook & Wilding (1997, 2001) は，学習段階で，話者の顔が見える場
合のほうが，見えない場合よりも，話者同定成績が低いことを報告した。こ
のように，学習時に顔が見えるほうが，未知話者の音声は記憶されにくいと
いう現象を，Cook & Wilding (1997) は顔隠蔽効果 (face overshadowing) と
名づけた。Cook & Wilding (2001) は，顔隠蔽効果が起きるのは，学習時に，
音声ではなく顔に注意が向いてしまうためであると説明している。確かに，
Cook & Wilding (2001) の研究では，学習段階に標的人物の音声を1回だけ
聴いた場合は，話者の顔が見える場合のほうが，見えない場合よりも，話者
同定成績が低かったが，学習段階に標的人物の音声を3回聴いた場合は，そ
の差が見られなかった。また，顔隠蔽効果が見られた Cook & Wilding

（2001）の研究では，学習段階の標的人物の音声の発話内容は15音節と，1回の提示時間は短かったのに対して，顔隠蔽効果が見られなかった Armstrong & McKelvie（1996）の研究では，学習段階の標的人物の音声の提示時間は5分間と，1回の提示時間は長かった。すなわち，Armstrong & McKelvie（1996）の研究では，最初に顔に注意が向いてしまっても，音声に注意を向けるだけの時間的余裕があったのではないか。よって，学習段階で話者の顔が見えるかどうかにより，話者同定成績に違いがあるといえるが，学習段階の標的人物の音声の提示時間が十分に長ければ，話者同定成績には影響しない可能性がある。

提示時間　学習段階の標的人物の音声の提示時間の長さにより，話者同定成績に違いがあるかどうかを検討した結果，Yarmey & Matthys（1992）は，18秒（78語），36秒（149語），120秒（460語），6分（1400語）の時間で標的人物の音声を学習段階で提示したところ，提示時間が長くなるとともにその成績が上がることを報告した。また，Cook & Wilding（2001）は，1回（平均15音節），3回（平均15音節×3回）の時間で標的人物の音声を学習段階で提示したところ，1回よりも3回のほうが成績がよいことを報告した。なお，Yarmey & Matthys（1992）の研究では，4つの条件で学習段階の標的人物の音声の発話内容は異なったが，Cook & Wilding（2001）の研究では，2つの条件で学習段階の標的人物の音声の発話内容は同じであった。すなわち，同じ内容を繰り返し聴くだけでも成績がよくなることから，学習段階の標的人物の音声に話し方などの多様性がなくても，学習段階の標的人物の音声の提示時間が長ければ話者同定の課題遂行には十分であるのかもしれない。よって，学習段階の標的人物の音声の提示時間が長ければ長いほど成績がよいといえる。

提示回数　まず，ここでいう提示回数は，単に，学習段階の標的人物の音声の提示回数が多いかどうかの比較ではなく，学習段階の標的人物の音声のトータルの提示時間は統制したうえで，音声刺激を聴く頻度が異なることが

話者同定成績にどのような影響を与えるのかを検討するものである。すなわち，上記の提示時間との違いは，学習段階の標的人物の音声のトータルの提示時間が群間で共通しているという点にある。これにより，提示回数によって話者同定成績に違いがあったならば，それは提示時間の長さではなく，提示回数の多さが原因であることが主張できる。そこで，学習段階の標的人物の音声の提示回数の多さにより，話者同定成績に違いがあるかどうかを検討した研究として，Yarmey & Matthys（1992）および Procter & Yarmey（2003）の研究を紹介する。Yarmey & Matthys（1992）は，1回，2回，3回の回数で標的人物の音声を学習段階で提示したところ，2回の分散学習が，1回の集中学習および3回の分散学習よりも成績がよいことを報告した。Yarmey & Matthys（1992）の実験では，18秒（78語），36秒（149語），120秒（460語），6分（1400語）の4種類の音声刺激を提示したが，2回提示では4種類のうち1種類の音声刺激を2分の1に区切り，3回提示では4種類のうち1種類の音声刺激を3分の1に区切り，それぞれ提示した。このとき，音声刺激を区切るたびに5分間の間隔を置いて音声刺激を提示したため，学習段階の試行時間は，1回，2回，3回で異なり，3回提示が最も長いが，学習段階の標的人物の音声のトータルの提示時間は，1回，2回，3回で同じであった。なお，音声提示試行と音声提示試行の間の5分間は，実験者と参加者が非公式な会話を交わしたという。また，Procter & Yarmey（2003）は，1回，2回，3回の回数で標的人物の音声を学習段階で提示したところ，2回の分散学習が，1回の集中学習よりも成績がよいことを報告した。Procter & Yarmey（2003）の実験では，18秒，6分の2種類の音声刺激を提示したが，2回提示では2種類のうち1種類の音声刺激を2分の1に区切り，3回提示では2種類のうち1種類の音声刺激を3分の1に区切り，それぞれ提示した。このとき，音声刺激を区切るたびに10分間の間隔を置いて音声刺激を提示したため，学習段階の試行時間は，1回，2回，3回で異なり，3回提示が最も長いが，学習段階の標的人物の音声のトータルの提示時間は，

1回，2回，3回で同じであった。よって，学習段階の音声の提示回数の多さにより，話者同定成績に違いがあるといえるが，多ければ多いほど成績がよくなるわけではなく，2回の分散学習が，標的人物の音声を符号化するうえで最も効率がよいのかもしれない。

保持期間　記憶の保持期間の長さにより，話者同定成績に違いがあるかどうかを検討した結果，Yarmey & Matthys (1992) の研究では，学習の直後，24時間後，1週間後にテストを行ったが，その成績に違いがないことを報告した。一方で，Papcun et al. (1989) は，学習から1週間後，2週間後，4週間後にテストを行ったところ，時間の経過とともにその成績が下がることを報告した。これら2つの研究で結果に違いがあった理由としては次のことが考えられる。まず，Yarmey & Matthys (1992) の研究では，学習の直後，24時間後，1週間後のそれぞれの標的人物の音声を正しく選んだ率は明記されていないが，偶然の水準についても言及されていないため，少なくとも床効果ではないと思われる。そのため，そもそも，1週間を超えない保持期間の比較では，話者同定成績に違いはない可能性がある。よって，Papcun et al. (1989) と同様の手続きで，学習の直後，24時間後の比較を行った場合，Yarmey & Matthys (1992) の結果と同様に，その成績に違いが見られない可能性がある。あるいは，Yarmey & Matthys (1992) と同様の手続きで，2週間後，4週間後の比較を行った場合，Papcun et al. (1989) の結果と同様に，時間の経過とともにその成績が下がる可能性がある。実際，McGehee (1937) の研究でも，学習から1週間以内にテストを行えば，話者同定成績には影響はないが，学習から2週間以降にテストを行えば，話者同定成績は時間の経過とともに下がっているように見える。ただし，McGehee (1937) は統計的分析を行っていないため，結果の解釈は参考程度にとどまる。このことから，上記で述べた通り，1週間を超えない保持期間の比較では，話者同定成績に違いはない可能性がある。よって，ある意味では，これら2つの研究結果は矛盾していないのかもしれない。

学習意図　学習段階の聴者の学習意図の有無により，話者同定成績に違いがあるかどうかを検討した結果，ある研究では，学習意図の有無が話者同定に影響のないことを報告した（Perfect et al., 2002）一方で，学習意図有り（意図学習）のほうが学習意図無し（偶発学習）よりも成績が良いと報告した研究もある（Armstrong & McKelvie, 1996）。しかし，Perfect et al.（2002）は，自身の実験手続きを振り返り，意図性の操作が不十分であったと指摘している。その理由として，学習意図有り群の参加者だけでなく，学習意図無し群の参加者も記憶テストが控えていることを知っていた可能性があることを挙げている。確かに，学習意図無し群の参加者には Perfect et al.（2002）の研究目的として，音声再認と基本的な数学能力との間のあり得る関係を調査することであると伝えている。この教示から，音声の記憶テストがあると考える参加者がいても不思議ではない。Perfect et al.（2002）でも，Armstrong & McKelvie（1996）のように，音声の記憶テストではなく，発話内容の記憶テストであることを伝えることで，音声には注意を向けるように指示しつつも，音声を符号化させないことで，学習意図を操作するような工夫が必要であろう。以上のことから，意図学習のほうが偶発学習よりも成績がよいという形で，学習意図の有無により話者同定成績に違いがあるといえそうだが，再検討の余地があろう。

ここまでのまとめ　ここまで，話者同定成績に影響する要因について概観してきた。話者同定成績に影響する要因のうち，「学習意図」については，学習段階で，標的人物の音声に対して学習意図がある場合のほうが，学習意図がない場合よりも，話者同定成績が高くなることについて説明した。これは，標的人物の音声について学習段階で最初の符号化をすることが検索可能性を高めることを示唆するのではないか。ただし，符号化は，学習段階で，標的人物の音声を聴きながらではなくても，学習段階の後で，標的人物の音声を思い出しながらでも可能である。それでは，学習段階の後で，すでに符号化した標的人物の音声の記憶を再び符号化をすることは（以下，再符号化と

第1章 話者の音声の記憶とは 35

する），検索可能性を高めるのだろうか。実際，話者同定の研究領域におい
て，再符号化の方略の1つにあたる言語的符号化（以下，言語化とする）が，
話者同定成績に与える影響について検討されている。言語化とは，ある話者
と他の話者の音声を区別する手がかりとなる音声の特徴や印象などの，その
ままでは聴覚的な情報を，保持，想起しやすいように言葉で表すものである。
このことから，言語化は同定テスト成績を高めるのだろうと思ったかもしれ
ない。ところが，通常はリハーサルや精緻化といった位置づけにあるはずの
言語化が，話者同定の成績を向上させる（促進効果）のではなく，低下させ
る（抑制効果）という報告がある。後者のように，記銘材料に対して言語化
を行うことが記憶成績を抑制する現象を言語隠蔽効果（verbal overshadowing
effect; Schooler & Engstler-Schooler, 1990）という。次節では，言語隠蔽効果に
ついて説明していく。

第5節 言語隠蔽効果の研究

　言語隠蔽効果は，Schooler & Engstler-Schooler（1990）の報告により広く
知られるようになった。Schooler & Engstler-Schooler（1990）の実験では，
まず，参加者に学習段階として，銀行強盗を描いたビデオテープを提示した
（30秒間）。次に，挿入課題として，いくつかの文章を読んでいくつかの質問
に答えるように求めた。その後，ある参加者には，可能な限り詳細に，標的
人物の顔の特徴について制限時間まで書き続けることを求めた（言語化群）。
別の参加者には，無関連の課題に取り組むように求めた（統制群）。なお，各
群の制限時間は5分間であった。その後，顔同定テスト段階として，標的人
物1名と標的人物の顔に似ているディストラクター人物7名の計8名の顔写
真を提示した。そして，その中に，標的人物がいると思ったときはその1人
を選び，いないと思ったときは「いない」と回答するように求めた。その後，
顔同定テストの回答に対する確信度を回答してもらい，実験を終了した。そ
の結果，標的人物の顔を正しく選ぶ率が，統制群よりも言語化群のほうが低

くなった。つまり，言語隠蔽効果が見られた。

　言語隠蔽効果とは，非言語的刺激を言語化した情報による何らかの働きが原因で結果的に，再認成績が下がるという現象である。何らかの働きにあたるものは，言語隠蔽効果の生起メカニズムを説明する，再符号化干渉説と転移不適切性処理シフト説の2つの仮説にそれぞれ仮定されている。再符号化干渉説（recoding interference）とは，顔や音声などの非言語的刺激の記憶表象を不正確な表現で言語的に説明することで，そのオリジナルの記憶表象が歪められることにより言語隠蔽効果が生じるというものであり（Meissner et al., 2001），つまり，不適切な内容により生成された不正確な記憶表象が原因とされている。再符号化干渉説を支持する研究として，Meissner et al. (2001) は，顔刺激を用い，標的顔に関する，不正確な情報を含んでもよいのでできるだけ多くの情報を記述するように求める群と，正確な情報のみを記述するように求める群を設け，再認成績にどのような効果が得られるかを検討した。その結果，不正確な情報を含め多くの情報を記述するように求められる群が，再認成績に抑制効果をもたらした。さらに，この結果を支持する結果が，Meissner & Brigham (2001) と Meissner et al. (2008) により得られている。まず，Meissner & Brigham (2001) は，顔の再認における言語隠蔽効果のメタ分析により，標的顔を言葉で詳細に表すように求め，その課題後に顔の再認テストを行うと，言語隠蔽効果が生じやすいことを明らかにした。次に，Meissner et al. (2008) は，顔刺激における言語化と再認の関係を検討するメタ分析を行い，弱い相関ではあるが，言語化の内容の正確さと顔の再認の正確さには正の相関，標的顔に関する不正確な表現の数と顔の再認の正確さには負の相関があることを報告した。Meissner et al. (2001) は，詳細な記述を求めると，不正確な表現が多くなり，オリジナルの記憶表象とは異なる，不正確な記憶表象が生成されやすく，また，その言語化により生成された不正確な記憶表象をもとに，再認テストの判断が行われることで，言語隠蔽効果が生じやすくなるとしている。

一方，転移不適切性処理シフト説（transfer inappropriate processing shift: TIPS）とは，特定の非言語的刺激を言語的に説明すること自体が，その刺激に対する処理方法を移行し，その刺激の同定に適切な処理方法が利用されなくなることで生じるというものであり（Schooler, 2002），つまり，不適切な処理へのシフトが原因とされている。転移不適切性処理シフト説を支持する研究として，Macrae & Lewis（2002）は，Navon 図形を用いることで，顔の再認における処理のシフトを操作し，再認成績にどのような影響があるかを検討した。なお，この実験では，目，鼻，口のような部分的特徴の処理（featural processing）よりも，部分的特徴間のバランスに着目した全体的特徴の処理（holistic processing）が顔の識別においては重要な役割を果たすという前提のもとで行われている（Tanaka & Farah, 1993）。また，この研究では，処理のシフトに焦点を当てており，言語化自体は行っていない。ここで，Navon 図形とは，視覚的な大きさが大きい文字と小さい文字を使用して表現される図形で，具体的には，「S」の小さい文字の集合体によって「H」という大きい文字が表現されるといったものである（Navon, 1977）。Navon 図形において小さい文字（S）の検出は，部分的処理に該当するのに対し，大きい文字（H）の検出は，全体的処理に該当すると考えられる。そして，Macrae & Lewis（2002）の実験結果としては，顔の再認テストの前に Navon 図形内の大きい文字を報告する群（83％）が，Navon 図形の課題を行わない群（60％）に比べ，正答率が高かった。一方，顔の再認テストの前に Navon 図形内の小さい文字を報告する群（30％）は，Navon 図形の課題を行わない群（60％）に比べ，正答率が低かった。この結果は，Navon 図形内の文字の検出時に処理のシフトが生じ，その処理方法で顔の再認テストを行うことで，顔の再認成績が処理方法によって異なったと考えられる。以上のことから，再認テスト時に，顔の識別に適した全体的処理ではなく，言語化により移行した部分的処理を使用することで，正確に顔を再認することが出来ず，再認成績が下がることになると考えられる。

ところが，これらの仮説は，顔の刺激により説明，検証する研究が多く，残念ながら音声刺激を使用した研究はない。それでは，話者同定における言語隠蔽効果のメカニズムはどのように説明されているのか。

第6節　話者同定における言語隠蔽効果の研究

まずは，音声の言語隠蔽効果はどのような実験で見られているのかついて説明する。言語隠蔽効果の結果が得られた研究に，Perfect et al.（2002）およびVanags et al.（2005）の研究がある。それらの実験では，まず学習段階として，標的人物の音声を提示した。次に，挿入課題を挟み，各群の条件に従って異なる教示を与えた。音声を言語化する群（言語化群）は，標的人物の音声の特徴をできる限り詳細に説明するように指示された（自由記述）。一方，言語化しない群（統制群）は，Perfect et al.（2002）の実験では何もせず待機するように指示され，Vanags et al.（2005）の実験では9つのアルファベットから単語を生成するように指示された。なお，各群の制限時間は5分間であった。その後，話者同定テスト段階として，標的人物1名とディストラクター人物5名の計6名の音声刺激を順に提示した。そして，全ての音声刺激を聴いた後に，Perfect et al.（2002）は標的人物だと思う1人を選ぶように求め，Vanags et al.（2005）は標的人物がいると思ったときはその1人を選び，いないと思ったときは「いない」と回答するように求めた。その後，話者同定テストの回答に対する確信度の評定を行ってもらい，実験を終了した。いずれの研究においても，標的人物の音声を正しく選ぶ率が，統制群よりも言語化群のほうが低くなった。つまり，言語隠蔽効果が見られた。

第7節　話者同定における言語隠蔽効果の生起因

なぜ，Perfect et al.（2002）とVanags et al.（2005）の実験では，話者同定の成績に言語隠蔽効果が見られたのだろうか。その理由として，Vanags et al.（2005）は転移不適切性処理シフト説（Schooler, 2002）を主張した[5]。

転移不適切性処理シフト説 転移不適切性処理シフト説とは，先述した通り，非言語的な記銘材料を言語化すると，その刺激に対する処理が言語的な処理方法へ移行し，結果として，その刺激の同定に適切な非言語的な処理方法が利用されなくなることが言語隠蔽効果の生起因だとする考え方であり，多くは，顔刺激を用いて説明される。顔の識別には，目，鼻，口のようなパーツに着目した部分的特徴の処理（featural processing）よりも，部分的特徴間のバランスに着目した全体的特徴の処理（holistic processing）のほうが重要とされている（Macrae & Lewis, 2002; Tanaka & Farah, 1993）。すなわち，顔刺激における転移不適切性処理シフト説は，顔刺激を言語化すると，処理方法が部分処理へ移行し，顔刺激の同定に適切な全体処理が利用されなくなり，結果的に，標的人物に対する人物同定が阻害されるというものである。

　しかし，Vanags et al.（2005）が主張するように，以上のことをそのまま音声刺激に当てはめることには困難があると思われる。その理由は，まず，音声の識別には，部分処理と全体処理のどちらが優位なのか，次に，そもそも，音声刺激には，部分的特徴と全体的特徴の区分があるのか，あるとしたらそれぞれが，音声刺激のどの要素にあたるのかが不明瞭だからである。

　また，転移不適切性処理シフト説は，標的人物の音声に対する話者同定が阻害されて言語隠蔽効果が生じるという考え方だが，仮に，標的人物の音声に対する同定が阻害されていなくても言語隠蔽効果は生じ得る。具体的には，言語化によってディストラクター人物の音声を「標的人物のものだと誤って同定する確率」が高まり，その分，見かけ上は標的人物の音声を「標的人物のものだと正しく同定する確率」が下がることになるというものである。このようなディストラクター人物の音声に対する言語化の影響は，標的人物の

───────────────
5）言語隠蔽効果が見られた理由について，Perfect et al.（2002）は特定のメカニズムを主張していない。それは，彼らの研究の目的が，言語隠蔽効果の基本的なメカニズムに関するこれまでの理論的な議論を見直すことではないとしていることからも理解できる。しかし，仮説を立てる上で，転移不適切性処理シフト説のもとになった研究（Macrae & Lewis, 2002; Tanaka & Farah, 1993）を考慮していることから，Vanags et al.（2005）と同様に，転移不適切性処理シフト説を意識していることは否めないだろう。

音声との言語化した情報の類似性によって異なることが予測される。音声刺激を用いた研究ではないが，その傍証になるものとして北神（2000）の実験を紹介する。

テスト刺激の類似性　北神（2000）は，標的図形の視覚情報としての類似性は同程度だが，標的図形の言語的なラベル，すなわち標的図形の形態を言語化した情報との類似性が異なる2種類のディストラクター図形を用い，言語化が記憶成績に促進効果または抑制効果を与えることを同一実験内で再現した。2種類のディストラクター図形のうち一方は，標的図形の形態とは類似しているが，標的図形のラベルとは適合しない図形，すなわち標的図形を言語化した情報との一致度が低い図形であった。もう一方は，標的図形の形態と類似しており，かつ標的図形のラベルとも適合する図形，すなわち標的図形を言語化した情報との一致度が高い図形であった。なお，標的図形のラベルは，参加者が自由記述で生成したものではなく，実験者が予め用意したものであった。その結果，テスト時に標的図形とともに，標的図形のラベルとの適合度が低い前者の図形が提示された場合は，標的図形のラベルがある条件のほうがない条件よりも標的図形の選択率が高かった（促進効果）。一方，テスト時に標的図形とともに，標的図形のラベルとの適合度が高い後者の図形が提示された場合は，標的図形のラベルがある条件のほうがない条件よりも標的図形の選択率が低かった（抑制効果）。この結果から，言語化した情報によりディストラクター刺激と区別ができるときには，記憶テストにおいて標的刺激を標的刺激だと正しく選択しやすくなるため，標的刺激の再認成績に対して促進効果をもたらし，逆に，言語化した情報がそのディストラクター刺激にも当てはまってしまい，言語化した情報によりディストラクター刺激と区別ができないときには，記憶テストにおいてディストラクター刺激を標的刺激だと誤って選択しやすくなるため，標的刺激の再認成績に対して抑制効果をもたらすと解釈できる。

　以上のことを音声刺激に置き換えると，まず，音声刺激を言葉で表す際に

は，多くの場合，話者同定に利用可能な，声の高さや太さなどの音声の特徴や印象がその言語化の対象となる。例えば，ある音声刺激に対して「高い声」「太い声」などのラベルを付けるという具合である。本研究では，このように，音声の特徴や印象を言語的に符号化することで生み出された言語的な情報を，声質の言語化情報（verbalized information）と呼ぶ。そして，標的人物の音声とディストラクター人物の音声で，その言語化情報の類似度が低い場合は，ディストラクター人物の音声が標的人物の音声に対する言語化情報と一致しておらず，話者同定テストにおいて標的人物の音声を標的人物のものだと正しく選択しやすくなるため，結果的に言語化が促進効果をもたらすと考えられる。一方，標的人物の音声とディストラクター人物の音声で，その言語化情報の類似度が高い場合は，ディストラクター人物の音声が標的人物の音声に対する言語化情報と一致しており，話者同定テストにおいてディストラクター人物の音声を標的人物のものだと誤って報告しやすくなるため，標的人物の音声を選択しない事例が増えることにより，結果的に言語化が抑制効果をもたらすと考えられる。以上を踏まえると，Perfect et al. （2002）と Vanags et al. （2005）の実験で見られた言語隠蔽効果は，彼らの実験で用いたテスト刺激には標的人物の音声との言語化情報の類似度が高いディストラクター人物の音声が含まれており，かつ，複数のテスト刺激の中から排他的に標的人物だと思われる刺激の選択を求めるパラダイムにより生じたという解釈が成り立つ。すなわち，標的人物の音声の話者同定可能性自体は，直接的には言語化によって阻害されていないにもかかわらず，言語隠蔽効果が生じたのである。

第8節　テスト刺激の選定方法

　ディストラクター人物の音声はどのように選定されたのか。Perfect et al. （2002）は選定方法に言及していないが，Vanags et al. （2005）は聴覚提示された音声刺激の全体的な「聴いた印象」の類似性の評定をもとに，互いに似

ていない音声刺激を選定したという。この選定方法は、言語化を要因とする研究以外の、音声刺激を用いた研究でも採用されていた（例えば、McDougall et al., 2015; Olsson et al., 1998; Orchard & Yarmey, 1995; Yarmey, 2001）。しかし、必ずしも標的人物の音声との「聴いた印象」の類似度が低いディストラクター人物の音声が、標的人物の音声との「言語化情報」の類似度も低いとは限らない。そのため、本研究では標的人物の音声との「聴いた印象」の類似性ではなく、標的人物の音声の特徴や印象を言語的に符号化することで生み出された言語的な情報、すなわち「言語化情報」の類似性によりディストラクター人物の音声を選定する。これは、音声に関する幾らかの次元で、言語化情報の一致度に基づき、標的人物の音声とディストラクター人物の音声における類似性の高低を定義するものであり、全体的な「聴いた印象」の類似性に依らないという点で、おそらく Perfect et al. (2002) と Vanags et al. (2005) とは異なる。具体的な定義は、次の通りである。標的人物の音声との言語化情報の類似度が低い音声とは、例えば、「声の太さ」の次元では標的人物の音声の言語化情報（例：細い声）と一致しない「太い声」と言語化される音声と定義する。反対に、類似度が高い音声とは、標的人物の音声の言語化情報と一致する「細い声」と言語化される音声と定義する。

　従って、本研究では、類似度が低いディストラクター人物の音声には、標的人物の音声との言語化情報の一致度が低い音声刺激（以下、低類似音声とする）を選定し、類似度が高いディストラクター人物の音声には、標的人物の音声との弁別自体は十分可能だが、言語化情報の一致度が高い音声刺激（以下、高類似音声とする）を選定する。すなわち、Vanags et al. (2005) と同様に、標的人物の音声とディストラクター人物の音声は「聴いた印象」が互いに似ていない音声刺激となる。なお、ディストラクター人物の音声を、標的人物の音声との弁別が可能な話者の音声とする理由は、連続して両刺激を聴いたとしても互いに弁別ができない音声刺激であれば、後の記憶テストでも当然両刺激を弁別できず、標的人物の音声を正しく同定できないことが予想

される。そのような状況で得られた結果は，記憶された言語化情報の一致度による影響なのか，それとも元々弁別ができなかったことによる影響なのかがわからず，これらが交絡してしまう可能性があるからである。

第9節　本章のまとめ

　第1章では，話者同定研究について概観した。その中でも，言語隠蔽効果という現象について，どのような研究が行われ，どのように解釈されたのかについて説明した。次章は，話者同定の言語隠蔽効果を再検討するにあたり，先述した，言語化情報に基づいたテスト刺激の選定方法について紹介する。

第2章　言語的符号化の有無を要因とした
記憶実験で使用する音声刺激の作成[6]

第1節　調査1

目　的

　テスト刺激の選定方法は，従来の研究では，評定者によるおそらくは全体的な印象としての類似度の評定をもとに行われていた（例えば，McDougall et al., 2015; Olsson et al., 1998; Orchard & Yarmey, 1995; Vanags et al., 2005; Yarmey, 2001）。しかし，音声刺激間の類似性は，実験結果に影響する重要な変数となり得るため，特に言語化の有無を要因とする研究では，音声刺激の選定は慎重に行う必要がある。

　そこで，本調査では，音声に関する幾らかの次元（例えば，「声の高さ」「声の太さ」）について言語化を行った類似度を指標として，「標的人物の音声」と，その標的人物の音声の言語化情報との類似度が高い「高類似音声」およびその類似度が低い「低類似音声」の選定を行う。そのために，各音声に対していくつかの形容詞対を用いた評定を行い，音声刺激間で類似している音声刺激（高類似音声），あるいは類似していない音声刺激（低類似音声）の候補を挙げるために多次元尺度構成法とクラスター分析を行う[7]。同時に，その刺激の候補が十分に弁別可能なものであることを確認するために，弁別課題を用いる。弁別課題では，2つの音声刺激を連続して聴いてもらい，それら

---

6) 本章は，「井上　晴菜 (2021)．言語的符号化の有無を要因とした記憶実験で使用する音声刺激の作成　法政大学大学院紀要，No.87, 30-38.」を加筆・修正した。

7) 同一話者でも声の高さや大きさ，あるいは話す速さが変わる，すなわち，話者内の変動（within-speaker variation）があることは想定できる。そのため，刺激については，話者内の変動を最小限にするために，1時間以内に録音を完了した。本研究では，話者間の差（between-speaker variation）に着目して刺激の選定を行うが，話者内の変動は考慮していないことに注意されたい。

２つの話者が同じかあるいは異なるかという話者の同異判断を求める。なお，形容詞対には，木戸・粕谷（2001）が抽出した，通常の発話における声質に関連する表現語として一般性を持つ形容詞（例：「高い声－低い声」「落着きのない－落着きのある」）を用いる。

方　法

参加者　聴覚に困難がない大学院生・大学生16名（男性10名・女性６名，19-23歳）が，個別に実験に参加した。なお，本調査は，法政大学文学部心理学科・心理学専攻倫理委員会による研究倫理審査を受け，承認を得た（承認番号19-0005）。

装置　音声刺激の録音は，Roland 社製のボイスレコーダー R-09HR（96kHz／24bit）で行った。WAV 形式に変換，音声刺激の音量と長さの調整は Praat（Boersma & Weenink, 2018）で行った。そのようにして作成した WAV 形式の音声刺激を，Apple 社製のノートパソコン MacBook Pro（44kHz／24bit）で再生し，ELECOM 社製のヘッドホン HS-HP13（再生周波数帯域は20－20,000Hz）から出力した。なお，本調査は防音室で行った。

刺激　８名の日本人の男性（23-26歳）の音声を使用した。生育地については，東京都出身の話者１は３歳から埼玉県に，東京都出身の話者２は10年間は東京都に，新潟県出身の話者３は６年間は東京都に，東京都出身の話者４は18年間は東京都に，滋賀県出身の話者５は２歳から神奈川県に，群馬県出身の話者６は５年間は東京都に，茨城県出身の話者７は６年間は東京都に，東京都出身の話者８は生まれてから当時まで東京都に居住していた。方言の違いをこえ互いに通じ合う言葉，すなわち共通語（三井，2021）を話していたかについて厳密には確認していないが，いずれの話者においても，なまりなどを含め，特徴的な話し方をする話者はいなかった。なお，共通語以外に話せる方言や日本語以外に話せる言語があるかどうかは尋ねていない。また，演劇などの経験があるかどうかも尋ねていない。それらの音声の録音時には，

第2章 言語的符号化の有無を要因とした記憶実験で使用する音声刺激の作成 47

自然に発話を心がけるように指示した。そのうち，1分間のオレオレ詐欺を模したセリフ（Table 2-1 参照），14種類の短いセリフ（例えば，よろしくお願いします；Table 2-2 参照）および1分間のアリバイ証言を模したセリフ（Table 2-3 参照）を使用した。

Table 2-1
1分間のオレオレ詐欺を模したセリフの内容

もしもし。
うん，イチロウだけど。
ちょっと風邪引いちゃってさ。
声がおかしいけど，気にしないでね。
そういえば，スマホ壊れちゃったから，新しいのに変えたんだ。
番号教えるから，登録よろしくね。09012345678。
あとさ，ちょっと頼みがあるんだけど……いいかな？
実は，友達の連帯保証人になってたんだけど，その友達がいなくなっちゃってさ。
代わりにお金を返す羽目になったんだけど，まだ用意ができてなくて……。
今日中に，210万払うことになってるんだけど，ちょっと立て替えてくれないかな？
え，いいの？
じゃあ，用意ができたら，富士見銀行の普通口座，名義がタナカミノル，口座番号が135790に振り込んでね。
本当にありがとう。

Table 2-2
14種類の短いセリフの内容

了解，承知しました
予約をキャンセルします
末長く，お幸せに
本当に，すみません
大変恐れ入ります
少々お待ちください
よろしくお願いします
ただいま帰りました
そうなんだ，知らなかった
さようなら，また会おう
こんにちは，はじめまして
お電話代わりました
お先に失礼します
あけましておめでとう

Table 2-3
1分間のアリバイ証言を模したセリフの内容

その日のことはよく覚えているよ。
確か……目覚まし時計がなる前に，目が覚めちゃったんだよな。
二度寝して，会社に遅刻しちゃったらいけないと思って，すぐに出勤する準備を始めたんだよ。
いつも通り，歯を磨いて，顔を洗って，ニュース番組を見ながら，朝食を取ったな。
その日の朝食は，確か……パン，だったかな？
パンを食べたらすぐに，家を出たよ。
駅に向かう途中で，ランニングしている人を見かけたな。
でも，いつも見かける，犬と散歩している人は見かけなかったな。
その日は雨が降っていたから，そのせいかもしれない。
駅に着いたら，もう電車がホームに来ていたんだけど，
サラリーマンと学生で満員になっていたから，その電車は見送って，次に来た電車に乗ったんだよな。
会社に着いたらすぐに，仕事に取り掛かったんだけど，その日は忙しくて，出勤から退社まで，ずっとパソコンの前だったな。
だから，誰かと電話する時間なんてなかったよ。

手続き　まず，参加者には，本調査の目的と方法，参加の自由，同意の撤回ができること，プライバシーへの配慮等を予め書面と口頭で伝えた上で，本調査の参加に同意するかどうかの回答を求めた。同意した参加者には，評価段階として，1分間のオレオレ詐欺を模したセリフ（Table 2-1 参照）の音声を提示している間に，評価用紙に回答するように求めた。評価項目の内容は，木戸・粕谷（2001）が行った聴取評価を参考にした6つの声質表現語対であり，例えば，「高い声—低い声」「落着きのない—落着きのある」といったもの（Table 2-4 参照）で，それぞれ「非常に (3)」，「かなり (2)」，「やや (1)」，「普通 (0)」のいずれか当てはまる数字1つに○を付けるように求めた（7件法）。6つの声質表現語対は1枚の用紙に印刷されており，参加者には話者1人ごとに1分間の音声が提示し終わるまでに6つの項目全てに回答するように求めた。このようにして，8名の話者の音声全てに対して聴きながら評定するように求めた。音声刺激の提示順序は，8通りのラテン方格により参加者間でカウンターバランスした。

その後，同異判断段階として，2つの異なるセリフの短い音声（Table 2-2参照）を連続で提示し，それらの音声の話者が同一人物であるときは「はい」，そうでないときは「いいえ」と，口頭で回答するように求め，実験者がそれを記録した。2つの音声は，同一人物のものである場合と，そうでない場合があった。異なる話者の組み合わせが28通りあり，それぞれについてどちらを先に提示するかを入れ替えて56通りとなった。その割合を等しくするため，同じ話者を組み合わせて56試行とし，1人の参加者につき112試行行った。例えば，話者1と話者2を提示するときは，話者1「あけましておめでとう」と話者2「ただいま帰りました」となった。なお，ちょうど半分の56試行目で小休憩（約1分間）をとった。

次に，言語化段階として，参加者には，8名中1名の話者の1分間のアリバイ証言を模したセリフ（Table 2-3参照）の音声を聴かせた後，その音声の特徴や印象を自由記述で回答するように求めた。その際，「本日の実験の最初のセッションで，評定に使用した形容詞を『使わなくてはならない』あるいは『使ってはいけない』ということはありませんので，思った通りに自由に表現してください」と書面および口頭で教示し，5分間でできるだけ自由に記述するように求めた。なお，言語化段階は評定の妥当性を確認する手段として実施されたが，十分に根拠となるデータが得られたため，本論文では結果について報告しない。

最後に，「差し支えなければ」と伝えた上で，年齢や性別を回答してもらい，謝礼のお菓子を手渡し，実験終了とした。なお，所要時間は約20分であった。

結果と考察

本調査では，ある音声刺激間の言語化情報が類似している，あるいは類似していないことを検討するだけでなく，実際に連続して聴いたときに弁別可能な音声刺激を選定することを目的としていた。

Table 2-4
話者別の各声質表現語対の評定値の平均値と標準偏差

話者	声質表現語対					
	低い― 高い	かすれた― 澄んだ	落着きのない― 落着きのある	弱々しい― 迫力のある	細い― 太い	張りのない― 張りのある
1	4.63(1.09)	5.19(0.83)	4.75(1.24)	3.88(1.15)	4.00(0.97)	4.63(1.15)
2	2.31(0.48)	2.63(0.96)	4.75(1.39)	2.88(1.03)	4.75(1.39)	2.94(1.53)
3	3.19(1.05)	3.38(1.03)	4.06(1.69)	2.31(0.87)	3.44(1.03)	2.44(0.89)
4	4.81(0.98)	5.19(1.17)	3.88(1.71)	4.19(1.11)	3.94(1.06)	5.13(1.09)
5	2.00(0.52)	3.88(1.20)	5.94(0.77)	2.38(0.89)	4.25(1.44)	2.94(1.53)
6	5.31(1.08)	2.94(1.12)	3.38(1.20)	2.63(0.62)	3.00(0.97)	3.19(1.33)
7	5.19(1.11)	4.19(1.05)	3.38(1.31)	2.94(0.93)	3.19(0.83)	4.25(1.61)
8	3.94(1.34)	3.94(1.24)	4.75(1.57)	4.44(1.32)	5.00(0.97)	3.75(1.39)

注）最小値は 1，最大値は 7 をとる。最大値に近づくほど，その音声が下段の形容詞（例えば，「低い―高い」であれば「高い」を指す）により説明できることを表す（例えば，「低い―高い」であれば「非常に高い」ということになる）。丸括弧内は標準偏差である。

　　まず，話者ごとに算出した声質表現語対の評定値の平均値を Table 2-4 に示す。それを用い，言語化情報の類似度が互いに高い，あるいは低い音声刺激の候補を挙げるために，多次元尺度構成法（alternating least squares scaling: ALSCAL）と階層クラスター分析（ward 法）を行った。その結果，まず，多次元尺度構成法により，話者1と話者4，話者6と話者7，話者2と話者5の各ペアが，同じ象限に収まったことで，形容詞の評定値の類似度，すなわち言語化情報の類似度がそれぞれ互いに高いことが示された（Figure 2-1 参照）。さらに，階層クラスター分析により，話者1と話者4が最初の段階でクラスターに構成される刺激の組合せであり，その後は，話者6と話者7，そして，話者2と話者5の順にクラスターに構成されることが明らかになった（Figure 2-2 参照）。これらの分析により，話者1と話者4，話者6と話者7，話者2と話者5の各ペアを，言語化情報の類似度が互いに高い音声刺激の候補とした。そして，弁別が十分に可能な音声刺激のペアを選定するために，同異判断段階の弁別課題の正答率を算出したところ，話者6と話者7は43.8％と低かったが，話者1と話者4は78.1％，また，話者2と話者5は

第 2 章 言語的符号化の有無を要因とした記憶実験で使用する音声刺激の作成　51

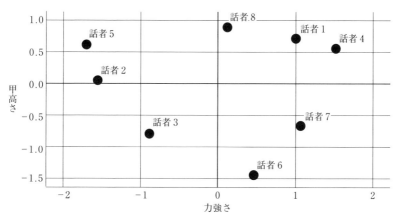

Figure 2-1
多次元尺度構成法（ALSCAL）により得られた，声質表現語対の評定値に基づく話者の 2 次元布置

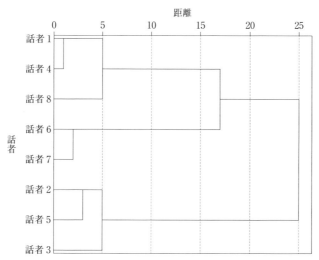

Figure 2-2
クラスター分析（ward 法）により得られた，声質表現語対の評定値に基づく話者のデンドログラム

100%と十分に高かった。そのため，話者1と話者4，および，話者2と話者5を言語化情報の類似度が互いに高い音声刺激とした。

次に，多次元尺度構成法の分析結果を示した Figure 2-1 で，話者1および話者4と異なる象限にあり，それらと最も距離がある，話者3を言語化情報の類似度が低い音声刺激とした。また，話者1と話者4のうち，話者3と弁別が十分に可能なほうを「標的人物の音声」とするために，同異判断段階の弁別課題の正答率を算出したところ，話者1と話者3（78.1%）より，話者4と話者3（87.5%）のほうが弁別課題の正答率が高かった。従って，話者4を「標的人物の音声」とし，その標的人物の音声との言語化情報の類似度が高い話者1を「高類似音声」，逆にその類似度が低い話者3を「低類似音声」とすることとした。同様に，話者2および話者5と異なる象限にあり，それらと最も距離がある，話者7を言語化情報の類似度が低い音声刺激とした。また，話者2と話者5のうち，話者7と弁別が十分に可能なほうを「標的人物の音声」とするために，同異判断段階の弁別課題の正答率を算出したところ，話者2と話者7（100%），および，話者5と話者7（100%）ともに，弁別課題の正答率が100%であった。従って，話者2が「標的人物の音声」のときは，その標的人物の音声との言語化情報の類似度が高い話者5を「高類似音声」，逆にその類似度が低い話者7を「低類似音声」とすることとした。また，話者5が「標的人物の音声」のときは，その標的人物の音声との言語化情報の類似度が高い話者2を「高類似音声」，逆にその類似度が低い話者7を「低類似音声」とすることとした。しかし，内観報告において，話者5は特徴的な音声であるという意見があったことから，標的人物の音声にしたとき，天井効果になることが懸念される。そのため，話者2を「標的人物の音声」とする。

第2節　本章のまとめ

本章では，標的人物の音声の特徴や印象（例えば，声の高さや太さ）を言語

的に符号化することで生み出された言語的な情報，すなわち「言語化情報」の類似性によりディストラクター人物の音声を選定した。これは，Vanags et al.（2005）などの従来の研究で採用していた全体的な「聴いた印象」の類似性が低いディストラクター人物の音声が，必ずしも標的人物の音声との「言語化情報」の類似度も低いとは限らないという疑念から提案した方法であった。次章では，話者4を「標的人物の音声」とし，その標的人物の音声との言語化情報の類似度が高い話者1を「高類似音声」，逆にその類似度が低い話者3を「低類似音声」とし，言語隠蔽効果について再検討する。

第3章　話者同定における言語隠蔽効果は
言語的符号化の対象に依存するか[8]

第1節　実験1

目　的

　先述の通り，Perfect et al.（2002）と Vanags et al.（2005）の実験では，言語化により話者同定の成績に抑制効果，すなわち，言語隠蔽効果が見られた。それでは，話者同定における言語隠蔽効果は再現性を十分に有するのか。もし有するなら，その再現され得る範囲は，音声の「特徴や印象」が言語化されたときに限定されるのか。というのも，音声には，「特徴や印象」の他，「セリフ内容」の情報が含まれる。しかし，「セリフ内容」の言語化による話者同定の成績への影響を検討した研究は見当たらない。

　従って，話者同定における言語隠蔽効果は言語化の対象に依存する現象かどうか，つまり，音声の「特徴や印象」に限らず，「セリフ内容」の言語化でも見られるのかを明らかにする必要がある。本実験では，音声の特徴や印象を言語化する群（以下，声質記述群とする），セリフ内容を言語化する群（以下，内容記述群とする）を設け，言語化をしない群（以下，統制群とする）と比較検討することで，言語隠蔽効果が再現される範囲を明らかにする。

　前述してきた通り，言語化は話者同定の成績に抑制効果をもたらすとされる。一方で，Perfect et al.（2002）は話者同定テストの回答に対する確信度については言語化の影響がないことを報告した。本実験でも，話者同定テストの回答に対する確信度を声質記述群と内容記述群，そして統制群の3群で

---

8 ）本章は，「井上　晴菜（2023）．話者同定における言語隠蔽効果は言語的符号化の対象に依存するか　法政大学大学院紀要，No.91, 1-11.」を加筆・修正した。

比較検討することで，Perfect et al.（2002）と同様に，確信度に言語化の影響がないことを確認する。

　なお，本実験では，話者同定における言語隠蔽効果を，（テスト時の）標的人物の音声に対して（学習時の）標的人物の音声と同じ人物のものだと判断できるかどうかをより厳密に検討するために，話者同定テスト時に標的人物の音声以外の音声刺激を提示しない方法をとる。すなわち，複数の音声を順番に提示するラインナップ手続きを用いた Perfect et al.（2002）と Vanags et al.（2005）とは異なり，1つの音声を単独で提示するショウアップ手続きを用いて話者同定テストを行う。とはいえ，話者同定テスト時に標的人物の音声のみを提示した場合に言語隠蔽効果が見られたとしても，それは反応バイアスが生じた結果である可能性を否定できない。よって，話者同定テスト時に未学習人物のみを提示する群を設け，その群における音声の言語化の3群を比較して，反応バイアスが生じていないことを確認する必要がある。

　ここで，未学習人物としてどのような特徴や印象をもつ音声を選ぶのかが問題となる。本実験では，言語隠蔽効果を検討するという点で標的人物の音声の言語化を求めることになるため，言語化情報について，標的人物の音声との一致度が低い音声刺激か，それとも，一致度が高い音声刺激か，いずれが未学習人物としてもっとも適切なのかが論点になるだろう。例えば，標的人物の音声との言語化情報が似ている音声を，未学習人物として選定したとき，その未学習人物は，（学習時の）標的人物の音声を言語化した記述内容と似ているため，「（学習時の）標的人物だと判断する」反応が，標的人物の音声と同様に高くなったり低くなったりする可能性がある。その場合，話者同定テスト時に未学習人物のみを提示する条件を設けた本来の目的である，反応バイアスが生じているか生じていないかを確認するための判断材料にはできないため，標的人物の音声との言語化情報が似ていない音声を選定するのがもっとも適切であろう。

　そこで，本実験では，テスト時の音声刺激として本研究の調査1より選定

した，標的人物の音声と低類似音声を用いる。本実験の主な仮説としては，次の通りである。

言語隠蔽効果が言語化の対象によらず，言語化すること自体による効果ならば，声質記述群と内容記述群で，統制群より「標的人物の音声だと判断した率」は低くなり，言語隠蔽効果が見られるだろう。それに対して，言語隠蔽効果が音声の特徴や印象を言語化することに限定された効果ならば，声質記述群のみが統制群より「標的人物の音声だと判断した率」が低くなり，言語隠蔽効果が見られることが予想される。

方　法

参加者とデザイン　参加者は，聴覚に困難がない大学生と大学院生55名（男性25名，女性30名；18-23歳）であった。デザインは，音声の言語化3（声質記述群／内容記述群／なし（統制）群）×テスト時の音声刺激2（標的人物の音声／低類似音声）の2要因参加者間計画で，実験は個別に行った。従属変数は，テスト時の音声刺激を標的人物の音声だと判断した率であり，標的人物の音声に対する「標的人物の音声だと判断した率」は，高いほど正確な話者同定を行っていることを表し，低類似音声に対する「標的人物の音声だと判断した率」は，高いほど不正確な話者同定を行っていることを表す。なお，本実験は，法政大学文学部心理学科・心理学専攻倫理委員会による承認を得た（承認番号18-0143）。

装置　WAV形式の音声刺激を，Apple社製のノートパソコンMacBook Pro（44kHz／24bit）で再生し，ELECOM社製のヘッドホンHS-HP13（再生周波数帯域は20-20,000Hz）から出力した。なお，音声刺激の長さの調整はPraat（Boersma & Weenink, 2018）で行った。

刺激　音声刺激は，本研究の調査1で選定した，標的人物の音声と低類似音声の2名の話者の音声を使用した[9]。なお，標的人物の音声は学習時と話者同定テスト時に提示し，低類似音声は話者同定テスト時にのみ提示した。

ただし，話者同定テスト時の音声提示は，1つの音声を単独で提示するショ
ウアップ手続きで行ったため，各参加者には標的人物の音声または低類似音
声のいずれか一方が提示された。

　また，音声刺激のセリフ内容は，学習時と話者同定テスト時で異なってい
た。学習時における標的人物の音声のセリフ内容は，約1分間のオレオレ詐
欺を模したセリフ（第2章，Table 2-1）であった。一方，話者同定テスト時
に使用した標的人物の音声と低類似音声のセリフ内容は，いずれも共通して，
約1分間のアリバイ証言を模したセリフ（第2章，Table 2-3）であった。

　手続き　まず，参加者には，本調査の目的と方法，参加の自由，同意の撤
回ができること，プライバシーへの配慮等を予め書面と口頭で伝えた上で，
本調査の参加に同意するかどうかの回答を求めた。同意した参加者には，学
習段階として，約1分間のオレオレ詐欺を模した標的人物の音声を提示した。
その際，「これから，約1分間の会話を聴いてもらいます。後ほど，その会
話に関する質問をするため，注意深く聴いてください。なお，メモなどは取
らないでください」と書面および口頭で教示し，選択的に音声の特徴や印象
などを符号化させないために，後にどのようなテストがあるかは伝えないよ
うにした。次に，挿入課題として，10分間の文字カウント課題（Appendix
3-1）を行うように求めた。課題の内容は，「上に突き出るアルファベット
(b, d, f, h, k, l)」または「下に突き出るアルファベット（g, j, p, q, y)」
を数えるもので，課題の目的は，リハーサルの遂行を妨害した上で，短期記
憶に保持した標的人物の音声の聴覚情報を消すことであった。

　その後，参加者には，各群の条件に従って異なる教示を与えた。声質記述
群には，「先ほど聴いた音声の特徴や印象を，以下の回答欄に箇条書きで記
述してください。1つの『・』につき，2つ以上の特徴や印象は書かず，1
つの特徴や印象を書くようにしてください。ただし，他の人があなたの回答

9）本研究の調査1の結果を踏まえて，話者4を標的人物，話者3を低類似音声として選定した。

を見たときに，その音声がどんな音声かを想像できるように，書き出してください」と書面および口頭で教示し，自由記述で回答するように求めた。内容記述群には，「先ほど聴いた音声のセリフ内容を，以下の回答欄に箇条書きで記述してください。1つの『・』につき，2つ以上のセリフ内容は書かず，1つのセリフ内容を書くようにしてください。ただし，他の人があなたの回答を見たときに，その会話がどんな内容かを想像できるように，書き出してください」と書面および口頭で教示し，自由記述で回答するように求めた。そして，統制群には，掛け算の100マス計算を解くことを求めた。その内容は，縦10×横10のマスに，上端と左端に書かれた0－9の数字同士を掛け算した答えを書くものであった。各群の課題内容は違うが，全て5分間で実施した。

　その後，話者同定テスト段階として，参加者には約1分間のアリバイ証言を模した標的人物の音声または低類似音声を提示した。標的人物の音声と低類似音声のいずれを提示するかは音声の言語化の各群の参加者間でカウンターバランスをとった。その際，「これから，1回目とは別の会話を聴いてもらいます（約1分間）。これから流れる音声が，1回目に聴いた人物の音声か否かを判断してください。1回目の音声と同じ人物だと思ったときは『はい』，同じ人物ではないと思ったときは『いいえ』を○で囲んでください」と書面および口頭で教示した。標的人物か否かを回答後，その回答に対する確信度を7件法（1：全く自信がない－7：非常に自信がある）で評定することを求めた。確信度を評定後，実験の趣旨説明を含むディブリーフィングを行い，謝礼のお菓子を手渡し，実験終了とした。なお，所要時間は約20分であった。

結果と考察

　分析ごとに結果と考察を記す。なお，声質記述群で教示に従わずに「音声の特徴や印象」ではなく「音声のセリフ内容」を記述した1名のデータを除き，ほかの1名のデータを加えて各群9名ずつの計54名を分析対象とした。

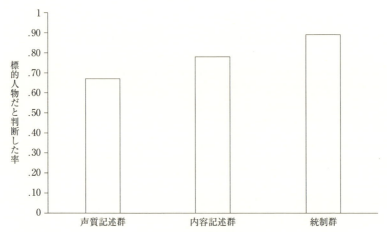

Figure 3-1
標的人物の音声に対する「標的人物の音声だと判断した率」
注）標的人物の音声に対する「標的人物の音声だと判断した率」は，高いほど正確な話者同定を行っていることを表し，また，この値が統制群より高いと話者同定の成績に言語化による促進効果が，逆に低いと話者同定の成績に言語化による抑制効果，すなわち，言語隠蔽効果が生じたといえる。Appendix 3-2 に正確な数値を示す。

ただし，基本的には音声の言語化の要因の3水準間で比較するため27名単位の分析が主となる。

標的人物の音声に対する「標的人物の音声だと判断した率」 まず，音声の言語化の3群における標的人物の音声に対する「標的人物の音声だと判断した率」を Figure 3-1 に示す。標的人物の音声に対する「標的人物の音声だと判断した率」を従属変数とした分析の目的は，言語隠蔽効果が再現される範囲を明らかにすることであり，すなわち，言語隠蔽効果は声質記述群と内容記述群で見られるのか，それとも，声質記述群のみで見られるのかを検討する。

これを検討するために，テスト時に「標的人物の音声」が提示された27名（男性12名）を対象として，標的人物の音声に対する「標的人物の音声だと判断した率」（「はい」を1，「いいえ」を0）を従属変数，音声の言語化（基準：

第 3 章　話者同定における言語隠蔽効果は言語的符号化の対象に依存するか　61

Table 3-1
標的人物の音声に対する「標的人物の音声だと判断した率」を従属変数とする
ロジスティック回帰分析の結果

独立変数	B	SE	Wald	df	p	OR	95%CI	
							LL	UL
声質記述群	-1.39	1.28	1.18	1	.28	0.25	0.02	3.04
内容記述群	-0.83	1.33	0.39	1	.53	0.44	0.03	5.93

統制群）を独立変数とするロジスティック回帰分析を行った（強制投入法）。
その結果，モデルはデータに適合せず（$\chi^2(24) = 1.33$, $p = .51$, McFadden R^2
$= .05$），独立変数のオッズ比はいずれも有意でなかった（Table 3-1）。つまり，
音声の特徴や印象を言語化しても，セリフ内容を言語化しても，標的人物の
音声の「標的人物の音声だと判断した率」を低めないことが示唆された。従
って，言語隠蔽効果は見られなかった。

　低類似音声に対する「標的人物の音声だと判断した率」　次に，音声の言
語化の 3 群における低類似音声に対する「標的人物の音声だと判断した率」
を Figure 3-2 に示す。低類似音声に対する「標的人物の音声だと判断した
率」を従属変数とした分析の目的は，反応バイアスが生じていないことを確
認することであったが，低類似音声に対する「標的人物の音声だと判断した
率」は，音声の言語化の 3 群で同じ値を示した。つまり，反応バイアスは生
じていないことが示唆された。

　確信度との関係性　最後に，テスト時の音声刺激ごとに音声の言語化の 3
群それぞれの，確信度の平均値を Figure 3-3 と Figure 3-4 に示し，テスト
時の音声刺激ごとに「標的人物であると判断した人」と「標的人物でないと
判断した人」それぞれの，確信度の平均値，SD，中央値，最大値，最小値
を Table 3-2 と Table 3-3 に示す。なお，標的人物の音声に対して同定判断
した場合と低類似音声に対して同定判断した場合は異なった判断過程になる
と思われるため，テスト時の音声刺激別に分析を行った。

　まず，前述の通り，言語隠蔽効果は見られなかったが，Perfect et al.

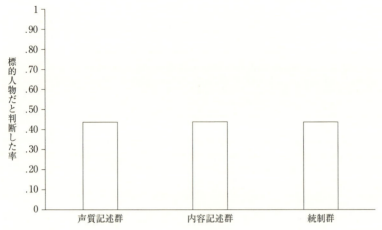

Figure 3-2
低類似音声に対する「標的人物の音声だと判断した率」
注）低類似音声に対する「標的人物の音声だと判断した率」は，低いほど正確な話者同定ができていることを表す。Appendix 3-3 に正確な数値を示す。

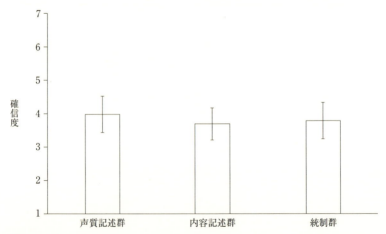

Figure 3-3
音声の言語化の3群それぞれの標的人物の音声に対する「標的人物の音声であるか否かの判断」についての確信度の平均値（$n=9$）
注）エラーバーは標準誤差を示す。Appendix 3-4 に正確な数値を示す。

第3章 話者同定における言語隠蔽効果は言語的符号化の対象に依存するか　63

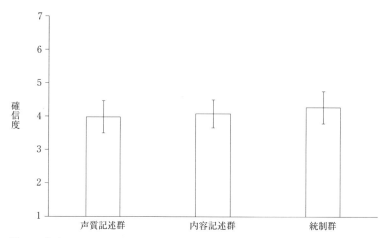

Figure 3-4
音声の言語化の3群それぞれの低類似音声に対する「標的人物の音声であるか否かの判断」についての確信度の平均値（$n=9$）
注）エラーバーは標準誤差を示す。Appendix 3-5 に正確な数値を示す。

(2002) と同様に，確信度に言語化の影響がないことを確認するために，分散分析を行ったところ，標的人物の音声に対して同定判断した場合（$F(2, 24) = 0.10, p = .91, \eta^2 = .01$）および低類似音声に対して同定判断した場合（$F(2, 24) = 0.13, p = .88, \eta^2 = .01$）ともに有意でなかった。つまり，音声の特徴や印象を言語化しても，セリフ内容を言語化しても，確信度に影響がないことが示唆された。従って，Perfect et al. (2002) の結果が再現された。

次に，標的人物の音声に対して同定判断した場合における確信度について，「標的人物であると判断した人」と「標的人物でないと判断した人」のデータが正規性と等分散性を有するかどうかを検討するために，Shapiro-Wilk 検定を行ったところ，「標的人物であると判断した人」と（$W = 0.88, p = .01$）と「標的人物でないと判断した人」（$W = 0.76, p = .02$）のいずれのデータも正規分布に従っていないことが確認された一方で，Brown-Forsythe 検定を行ったところ，「標的人物であると判断した人」と「標的人物でないと判断

Table 3-2
標的人物の音声における「標的人物の音声であると判断した人」と「標的人物の音声
でないと判断した人」それぞれの記述統計

反応	M	SD	Mdn	Min	Max
標的人物の音声であると判断した人（$n=21$）	4.1	1.6	5.0	2	7
標的人物の音声でないと判断した人（$n=6$）	3.2	1.5	2.5	2	5

注）Mdn は中央値，Min は最小値，Max は最大値を示す。

Table 3-3
低類似音声における「標的人物の音声であると判断した人」と「標的人物の音声でな
いと判断した人」それぞれの記述統計

反応	M	SD	Mdn	Min	Max
標的人物の音声であると判断した人（$n=12$）	4.4	0.9	5.0	3	5
標的人物の音声でないと判断した人（$n=15$）	4.1	1.7	4.0	2	7

注）Mdn は中央値，Min は最小値，Max は最大値を示す。

した人」のデータの分散が等しいことが確認された（$F(1, 25)=0.10$，$p=.75$）。
従って，ノンパラメトリック検定を行う必要があるため，標的人物の音声に
対して同定判断した場合における確信度について，「標的人物であると判断
した人」と「標的人物でないと判断した人」の間に違いがあるかどうかを検
討するために，標的人物の音声における確信度を従属変数，反応を独立変数
とする Mann-Whitney の U 検定を行った結果，有意差は認められなかった
（$U=39.00$，$p=.15$，$r_{rb}=.38$）。つまり，標的人物の音声に対して同定判断し
た場合における確信度には，「標的人物であると判断した人」と「標的人物
でないと判断した人」で違いがないことが示唆された。なお，確信度の平均
値は，「標的人物であると判断した人」で「4：どちらでもない」，「標的人物
でないと判断した人」で「3：どちらかといえば自信がない」であることか
ら，標的人物であると思ったときも標的人物でないと思ったときも，その回
答に対する確信度は中程度であったといえる。
　次に，低類似音声に対して同定判断した場合における確信度について，
「標的人物であると判断した人」と「標的人物でないと判断した人」のデー

第3章　話者同定における言語隠蔽効果は言語的符号化の対象に依存するか　65

タが正規性と等分散性を有するかどうかを検討するために，Shapiro-Wilk 検定を行ったところ，「標的人物であると判断した人」のデータが正規分布に従っていないことが確認された（$W=0.64$, $p<.001$）うえに，Brown-Forsythe 検定を行ったところ，「標的人物であると判断した人」と「標的人物でないと判断した人」のデータの分散が等しくないことが確認された（$F_{(1, 25)}=7.81$, $p=.01$）。従って，ノンパラメトリック検定を行う必要があるが，「標的人物であると判断した人」と「標的人物でないと判断した人」のデータの分散が等しくないため，Mann-Whitney の U 検定ではなく，低類似音声における確信度を従属変数，反応を独立変数とする Brunner-Munzel 検定を行った（Karch, 2021）。その結果，有意差は認められなかった（$\hat{p}^{*}(17.54)=0.42$, $p=.68$, $\hat{p}''=0.45$）[10]。このことから，低類似音声に対して同定判断した場合における確信度には，「標的人物であると判断した人」と「標的人物でないと判断した人」で違いがないことが示唆された。なお，確信度の平均値は，「標的人物であると判断した人」と「標的人物でないと判断した人」ともに「4：どちらでもない」であることから，標的人物であると思ったときも標的人物でないと思ったときも，その回答に対する確信度は中程度であったといえる。

総合考察

　本実験の目的は2つあり，1つめは，言語隠蔽効果が再現される範囲，すなわち，言語隠蔽効果は，言語化の対象に関係なく言語化すること自体による効果なのか，それとも，音声の特徴や印象を言語化することに限定された効果なのかを明らかにすること，2つめは，Perfect et al.（2002）と同様に，

10）Karch（2021）によると，$\hat{p}^{*}$ とは，スチューデント化確率的優位性推定値（studentized stochastic superiority estimate）を指し，Brunner-Munzel 検定の統計量にあたる。また，$\hat{p}''$ とは，確率的優位性推定値（stochastic superiority estimate）を指し，Brunner-Munzel 検定の効果量にあたる。なお，$\hat{p}''$ の大きさは.56までが小，.64までが中，.71までが大とされる（Vargha & Delaney, 2000）。

確信度に言語化の影響がないことを確認することであった。まず，言語隠蔽効果については，言語隠蔽効果は再現されず，音声の特徴や印象を言語化しても，セリフ内容を言語化しても，標的人物の音声の「標的人物の音声だと判断した率」を低めないことが示唆された。このことから，（学習時の）標的人物の音声の特徴や印象あるいはセリフ内容を言語化していても言語化していないときと同じ程度に，（テスト時の）標的人物の音声に対して「標的人物の音声と同じ人物のものである」と判断できるといえる。次に，確信度については，Perfect et al.（2002）と同様に，音声の特徴や印象を言語化しても，セリフ内容を言語化しても，確信度に影響がないことが示された。つまり，Perfect et al.（2002）の結果が再現されたといえる。

　それでは，なぜ本実験では，Perfect et al.（2002）や Vanags et al.（2005）のように，言語隠蔽効果が見られなかったのか。Perfect et al.（2002）や Vanags et al.（2005）の実験手続きとの違いから考えると，おそらく，話者同定テストの提示手続きや回答手続きが関係しているのではないか。

　まず，Perfect et al.（2002）や Vanags et al.（2005）の話者同定テストの提示手続きは，複数の音声刺激を順番に提示するラインナップ手続きであったこと，そして，その回答手続きは，全ての音声刺激を聴いた後に「標的人物だと思う」1人のみを選ぶテスト方法であったことが本実験との違いであった。従って，言語隠蔽効果が生起するということは，これらの提示手続きや回答手続きにより，複数の音声刺激の中で，「標的人物だと思う」1人を選ぶ際に，標的人物の音声以外の音声刺激が誤って選ばれることになる。

　しかし，上記の提示手続きや回答手続きだけでは，標的人物の音声以外の音声刺激が誤って選ばれるとは考えにくい。むしろ，上記の提示手続きや回答手続きに加え，標的人物の音声以外の音声刺激が，「標的人物だと思う」1人として選ばれやすい状況が必要ではないか。つまり，話者同定テスト時のテスト刺激の言語化情報が標的人物の音声に似ている必要があることから，テスト刺激の類似性も関係していると考えられる。

第 3 章　話者同定における言語隠蔽効果は言語的符号化の対象に依存するか　　67

　従って，話者同定において言語隠蔽効果を生起させるには，本実験のよう
なショウアップ手続きではなく，Perfect et al.（2002）や Vanags et al.
（2005）のようなラインナップ手続きで複数の音声刺激を提示することが必
要であろう。また，そのテスト刺激に標的人物の音声との言語化情報が似て
いる音声刺激を含め，その中から，「標的人物だと思う」1 人を選ぶように
求めるときに，顕著に現れる可能性が考えられる。

第 2 節　本章のまとめ

　本実験では，言語隠蔽効果は再現されなかった。このことから，話者同定
において言語隠蔽効果を生起させるには，本実験のようなショウアップ手続
きではなく，Perfect et al.（2002）や Vanags et al.（2005）のようなラインナ
ップ手続きで複数の音声刺激を提示すること，また，そのテスト刺激に標的
人物の音声との言語化情報が似ている音声刺激を含め，その中から，「標的
人物だと思う」1 人を選ばせることが必要ではないかと考えられた。しかし，
Perfect et al.（2002）や Vanags et al.（2005）が採用した回答手続きには問題
点がある。Perfect et al.（2002）は，「いない」という選択肢を含まず，テス
ト刺激のうち必ず 1 つを選択してもらう手続きである「強制選択」を採用し，
Vanags et al.（2005）は，テスト刺激のうち 1 つ，あるいは「いない」を選
択してもらう手続きである「いない」を含む回答手続きを採用した。これら
の回答手続きは，音声の言語化を要因とする研究に限らず，多くの研究で採
用されてきたが，大きな問題点が 2 つある。1 つ目は，最終的にどの刺激を
選んだのかという情報のみが得られるため，その他の音声刺激と悩まずに，
圧倒的に「標的人物だと思う」1 つを選択するという過程と，その他の音声
刺激と悩んだ上での，同じ程度に「標的人物だと思う」うちの 1 つを選択す
るという過程は異なるにも関わらず，それらの情報は得られない点である。
2 つ目は，結果として得られるのは 2 値データであり，ノンパラメトリック
検定を行う必要があるため，サンプルサイズが膨大になってしまう点である。

次章では，これらの2つの問題点を克服するための回答手続きを新たに提案する。

第4章　言語的符号化が標的音声の話者同定に
与える影響[11]

第1節　話者同定テストの回答手続き

　音声刺激に対する言語化の影響を検討するのであれば，従来のテスト刺激の中から回答として1つの刺激のみを選択する実験パラダイムは不適切であると考える。そこで，新しい実験パラダイムとして，全ての選択肢に対して，「標的人物の音声と同じ人物のものだと思う程度」を個別に判断する方法を提案する。以下，詳しく述べる。

　音声の言語化を要因とする研究に限らず，多くの研究で採用されている話者同定テストの回答手続きは，テスト刺激から「標的人物だと思う1人」を選ぶという強制選択（例えば，Perfect et al., 2002）または，「標的人物だと思う1人」か「いない」を選ぶという「いない」を含む回答手続き（例えば，Vanags et al., 2005）のいずれかの手続きで回答を選択後，その回答に対する確信度を取るという方法である。この手続きでは，ある選択肢を選ぶ過程において，ほぼ確信をもってその選択肢を選んだのか，あるいは，他の選択肢との間でいずれにするか悩んでその選択肢を選んだのかがわからないという欠点がある。つまり，他の音声刺激と悩まず，圧倒的に「標的人物だと思う」1つを選択するのと，他の音声刺激と悩んだ上での，ほぼ同率で「標的人物だと思う」刺激のうちの1つを選択するのとでは，生じている認知過程は異なるのに，その情報は得られず，最終的にどれを選んだのかという情報のみが得られるということである。また，前述の通り，複数の選択肢の選択

11）本章は，「井上　晴菜（2022）．言語的符号化が標的音声の話者同定に与える影響　心理学研究，93(4)，320-329．https://doi.org/10.4992/jjpsy.93.21010」を加筆・修正した。

率は相互に独立ではなくトレードオフの関係にあることも，同定率を適切に評価しにくい一因となっている。

そこで，本実験では，話者同定テストにおいて各音声刺激に対し，標的人物だとどの程度思ったのか，また，それは頭一つ抜けた1位なのか，他の音声刺激とほぼ同率1位なのかを検討できるような方法を提案する。それは，テスト刺激を構成する全ての音声刺激に対して個別に，「標的人物の音声と同じ人物のものだと思う程度」を0（同じだと思わない）から100（同じだと思う）の，10％刻みの百分率の11件法（0，10，20，…，80，90，100）で回答してもらう方法である。これにより，全てのテスト刺激に対して「標的人物の音声と同じ人物のものだと思う程度」の比較が可能となり，Vanags et al. (2005) が主張するように，言語化によって標的となる音声刺激に対する話者同定が阻害されるかどうかを，ディストラクター人物の音声との相対的な比較の影響を受けずに，直接的に確認することができる。また，得られた評定値に基づき，強制選択や「いない」を含む回答手続きといった従来の1つの刺激のみを選択する実験パラダイムならば，最も評定値の高い音声刺激として選ばれると見なし，シミュレーションデータを作成することで，従来の実験パラダイムで得られるはずの回答を再現し，分析を行うこともできる。標的人物の音声に対して言語化が有意に影響していないときでも，ディストラクター人物の音声において標的人物の音声との言語化情報の類似性が高い場合にはそれが一定の割合で選ばれることにより，相対的に標的人物の音声が選ばれにくくなるという，言語隠蔽効果が再現できるはずである。そうなれば，今後，言語隠蔽効果の結果が得られただけでは，標的人物の音声の話者同定が言語化によって阻害されていることの強い根拠とは見なせないことを意味する。

Perfect et al. (2002) と Vanags et al. (2005) の実験で見られた言語隠蔽効果は，彼らの実験で用いたテスト刺激には標的人物の音声と言語化情報が似ているディストラクター人物の音声が含まれており，かつ，複数のテスト刺

激の中から排他的に標的人物だと思われる刺激の選択を求めるパラダイムにより生じたという解釈が成り立つ。すなわち，標的人物の音声の話者同定可能性自体は，直接的には言語化によって阻害されていないにもかかわらず，言語隠蔽効果が生じたのである。そこで，話者同定テストにおいて排他的な選択を求めず，全ての刺激に対して「学習時に聴いた標的人物の音声と同じ人物のものだと思う程度」の評定を求めることにする。従って，次節では上記の新しいパラダイムを取り入れ，言語隠蔽効果を再検討した結果を紹介する。

第2節　実験2

目　的

　Vanags et al.（2005）が主張するように，標的となる音声刺激に対する話者同定が阻害されることで言語隠蔽効果が生じているかどうかを，他の刺激との相対評価に依存しない，個別の「標的人物の音声と同じ人物のものだと思う程度」の評定によって検討する[12]。その結果，もし，言語化を行わない統制群に比べ，何らかの言語化を行った群において，標的人物の音声の「標的人物の音声と同じ人物のものだと思う程度」が減少していない一方で，標的人物の音声に高類似のディストラクター人物の音声では増加していたら，言語化による「不適切な処理へのシフト」が生じているという解釈に対する疑念が強くなる。

　また，本実験の評定データを用いて，「仮にテスト刺激の中から1つだけを回答として選ぶとしたらどの刺激を選ぶか」をシミュレートし，「標的人物の音声の同定成績が損なわれていなくても，言語隠蔽効果は再現できる」

12）本論文における「同定」とは，「テスト時の標的人物の音声に対して，学習した音声の話者だと判断する」ことを指す。また，本実験では「テスト時の標的人物の音声に対して，学習した音声の話者だと判断する」際に，複数のテスト刺激の中から「学習した音声の話者だと思う1人を選ぶ」のではなく，テスト刺激それぞれに対して「学習した音声の話者だと思う程度を評定する」ことを求めている。つまり，厳密には「同定」ではなく，「同一性評定」を求めたことに留意されたい。

ことを示す。ただし，標的人物の音声の同定成績が言語化によって損なわれなかったとしても，本実験における言語化が不十分なためという解釈も成り立ち得る。実際，Yarmey（2001）によると，音声を自由に言葉で表現することは多くの人にとって難しく，また，その一因は，音声の特徴を記述する語彙の不十分さにあることが示唆されている。そこで，言語化の仕方について，多く用いられている自由記述のほか，2種類追加する。一方は，予め提示された形容詞群またはそれ以外の形容詞を使用し，標的人物の音声の特徴を文章化することにより，標的人物の音声の特徴や印象を言語的に表現するという方法で，形容詞選択記述と名付ける。もう一方は，提示された形容詞対（例えば，「高い－低い」「落着きのない－落着きのある」）に対して評定する方法で，形容詞評定と呼ぶ。ここで，どのような形容詞を用いるかが問題となるが，本実験では木戸・粕谷（2001）が抽出した，通常の発話における声質に関連する表現語として一般性を持つ形容詞（例えば，「高い－低い」「落着きのない－落着きのある」）に基づき，音声刺激の選定（本研究の調査1）と，言語化の際に提示する形容詞群および形容詞対を設定することとした。

　上記の3つの目的について検証することで，音声刺激に対する言語化の影響について，学習時およびテスト時の認知過程により焦点を合わせた検討が可能になるため，Perfect et al.（2002）やVanags et al.（2005）のように，複数の刺激による相対的な結果のパターンから認知過程を推測するより，適切なパラダイムとして提案できると考える。本実験の具体的な仮説としては，次の通りである。

　言語化によって標的人物の音声に対する話者同定が阻害されないのであれば，標的人物の音声の「標的人物の音声と同じ人物のものだと思う程度」は言語化を行う群と行わない統制群との間で有意な差が見られないだろう。一方で，言語化情報が標的人物の音声に高類似のディストラクター人物の音声の「標的人物の音声と同じ人物のものだと思う程度」は言語化を行う群において統制群より高くなるだろう。それに対し，言語化情報が標的人物の音声

に低類似のディストラクター人物の音声の「標的人物の音声と同じ人物のものだと思う程度」は，言語化を行っても高まらず，統制群との間で有意な違いは見られないと予想される。

方　法

デザイン　実験は，音声の言語化 4（形容詞選択記述群／形容詞評定群／自由記述群／なし（統制）群；参加者間）×テスト時の音声刺激 3（標的人物の音声／高類似音声／低類似音声；参加者内）の 2 要因混合計画で，1 − 3 人の小集団で行った。従属変数は，「標的人物の音声と同じ人物のものだと思う程度」の評定値であった。なお，本実験は，法政大学文学部心理学科・心理学専攻倫理委員会による承認を得た（承認番号19-0095）。

サンプルサイズ設計と参加者　適切なサンプルサイズを設定するために，交互作用を検出することを想定した検定力分析を行った。G^*Power3.1（Faul et al., 2007; Faul et al., 2009）による事前効果量（$\eta_p^2 = .06$, α level = .05, power of $1-\beta = .95$）に基づいて算出した結果，サンプルサイズは 1 つの群につき15名ずつ（総計60名）であった。しかし，テスト時の音声刺激の提示順序を，順列組合せにより決定すると 6 通りあったため，サンプルサイズは 1 つの群につき18名ずつ（総計72名）となった。なお，本実験と同様の検討を行った先行研究がなく，効果量が予測できなかったため，Cohen（2013）に基づいて中程度の効果量（$\eta_p^2 = .06$）を設定した。参加者は，聴覚に困難がない大学生73名であった（男性22名，女性50名，不明 1 名；18-24歳）。

装置　WAV 形式の音声刺激を，Apple 社製のノートパソコン MacBook Pro（44.1kHz／24bit）で再生し，Edifier 社製のスピーカー ED-R12U（再生周波数帯域は180−20,000Hz）から出力した。なお，音声刺激の長さの調整は Praat（Boersma & Weenink, 2018）で行った。

刺激　音声刺激は，本研究の調査 1 で選定した，標的人物の音声と高類似音声，低類似音声の 3 名の話者の音声を使用した[13]。低類似音声には，標的

人物の音声との言語化情報の一致度が低い音声刺激を選定し，高類似音声には，標的人物の音声との弁別自体は十分可能だが，言語化情報の一致度が高い音声刺激を選定した。すなわち，Vanags et al.（2005）と同様に，標的人物の音声と低類似音声および高類似音声は「聴いた印象」が互いに似ていない音声刺激となる。また，高類似音声を，標的人物の音声との弁別が可能な話者の音声とする理由は，連続して両刺激を聴いたとしても互いに弁別ができない音声刺激であれば，後の記憶テストでも当然両刺激を弁別できず，標的人物の音声を正しく同定できないことが予想される。そのような状況で得られた結果は，記憶された言語化情報の一致度による影響なのか，それとも元々弁別ができなかったことによる影響なのかがわからず，これらが交絡してしまう可能性があるからである。なお，標的人物の音声は学習時と話者同定テスト時に提示し，高類似音声および低類似音声は話者同定テスト時にのみ提示した。

　また，音声刺激のセリフ内容は，学習時と話者同定テスト時で異なっていた。学習時における標的人物の音声のセリフ内容は，約1分間のオレオレ詐欺を模したセリフ（第2章，Table 2-1）であった。一方，話者同定テスト時に使用した標的人物の音声と高類似音声，低類似音声のセリフ内容は，いずれも共通して，約10秒間のアリバイ証言を模したセリフ（「会社に着いたらすぐに，仕事に取り掛かったんだけど，その日は忙しくて，出勤から退社まで，ずっとパソコンの前だったな。だから，誰かと電話する時間なんてなかったよ」）であった。

　手続き　まず，参加者には，本調査の目的と方法，参加の自由，同意の撤回ができること，プライバシーへの配慮等を予め書面と口頭で伝えた上で，本調査の参加に同意するかどうかの回答を求めた。同意した参加者には，学習段階として，約1分間のオレオレ詐欺を模した標的人物の音声を提示した。その際，「これから，約1分間の会話を聴いてもらいます。後ほど，その会

13）本研究の調査1の結果を踏まえて，話者4を標的人物，話者1を高類似音声，話者3を低類似音声として選定した。

第 4 章 言語的符号化が標的音声の話者同定に与える影響 75

話に関する質問をするため，注意深く聴いてください。なお，メモなどは取らないでください」と書面および口頭で教示し，選択的に音声の特徴や印象などを符号化させないために，後にどのようなテストがあるかは伝えないようにした。次に，挿入課題として，10分間の文字カウント課題（Appendix 3-1）を行うように求めた。課題の内容は，「上に突き出るアルファベット（b, d, f, h, k, l）」または「下に突き出るアルファベット（g, j, p, q, y）」を数えてもらうもので，課題の目的は，リハーサルの遂行を妨害した上で，短期記憶に保持した標的人物の音声の聴覚情報を消すことであった。

　その後，参加者には，各群の条件に従って異なる教示を与えた。形容詞選択記述群には，「先ほど聴いた音声の特徴や印象を，選択欄内の形容詞を使っても，選択欄内以外の形容詞を用いてもよいので，以下の回答欄に 1 つの文で記述してください。その際，1 つの『・』につき，2 つ以上の特徴や印象は書かず，1 つの特徴や印象を書くようにしてください。ただし，他の人があなたの回答を見たときに，その音声がどんな音声かを想像できるように，できるだけたくさん書き出してください」と書面および口頭で教示し，提示された形容詞またはそれ以外の形容詞を使用し，箇条書きで文を生成する形で標的人物の音声の特徴や印象を表現するように求めた。形容詞評定群には，「他の人があなたの回答を見たときに，その音声がどんな音声かを想像できるように，以下の項目が，先ほど聴いた音声の特徴や印象にどの程度当てはまるか，該当する数字 1 つに直接○を付けて答えてください」と書面および口頭で伝え，提示された形容詞対を，「非常に (3)」，「かなり (2)」，「やや (1)」，「普通 (0)」の 7 件法で評定するように求めた。なお，形容詞選択記述群と形容詞評定群で提示した形容詞は，前述の通り，本研究の調査 1 で用いた 6 つの声質表現語対（例：「高い－低い」「落着きのない－落着きのある」）と同一であった。自由記述群には，「先ほど聴いた音声の特徴や印象を，以下の回答欄に箇条書きで記述してください。その際，1 つの『・』につき，2 つ以上の特徴や印象は書かず，1 つの特徴や印象を書くようにしてください。

ただし，他の人があなたの回答を見たときに，その音声がどんな音声かを想像できるように，できるだけたくさん書き出してください」と書面および口頭で教示し，自由記述で回答するように求めた。そして，統制群には，掛け算の100マス計算を解くことを求めた。その内容は，縦10×横10のマスに，上端と左端に書かれた0-9の数字同士を掛け算した答えを書くものであった。各群で求めた課題内容は違えど，全て3分間で実施した。

　その後，話者同定テスト段階として，参加者には約10秒間のアリバイ証言を模した標的人物の音声と高類似音声，低類似音声の計3名の音声を提示した。提示順序は，6通りの順列組合せにより各群の参加者間でカウンターバランスした。その際，「これから，3名の人物の音声を聴いてもらいます。会話の内容は1回目（本日の実験の最初の会話）とは別の内容ですが，3名とも同じ内容を話しています（それぞれ約10秒間）。これから流れる音声の持ち主（話者）が，1回目に聴いた話者と同じ人だと思う程度を回答してください。その際，他の音声と比較して判断するのではなく，それぞれの音声ごとに個別に判断してください」と書面および口頭で教示し，1つのテスト刺激の提示が終わるごとに個別に判断するように求めた。回答は，「0％：同じだと思わない」から「100％：同じだと思う」の10％刻みの目盛り（11件法）のうち当てはまるところに○を付けてもらった。なお，目盛りは10％刻みであるため，例えば，40-50％の間だと思ったとしても，より当てはまる数字の目盛り「40」か「50」のどちらかに○を付けるように説明した。全てのテスト刺激を評定後，実験の趣旨説明を含むディブリーフィングを行い，謝礼のお菓子を手渡し，実験終了とした。なお，所要時間は約30分であった。

結果と考察

　以下，分析ごとに結果と考察を記す。なお，音声の言語化の各群に18名ずつ割り当てたが，自由記述群のうち，教示に従わずに「音声の特徴や印象」ではなく「音声のセリフ内容」を記述した1名のデータを除外し，別の参加

者1名を追加したため，各群18名ずつの計72名を分析対象とした。

「標的人物の音声と同じ人物のものだと思う程度」の評定値 形容詞選択記述群，形容詞評定群，自由記述群，統制群の4群におけるテスト時の各音声刺激に対する「標的人物の音声と同じ人物のものだと思う程度」の評定値の平均値を Figure 4-1 に示す。「標的人物の音声と同じ人物のものだと思う程度」の評定値を従属変数とした分析の目的は，形容詞選択記述，形容詞評定，自由記述において，Vanags et al. (2005) が主張するように，標的となる音声刺激に対する話者同定が阻害される形で言語隠蔽効果が見られるかどうかを確認することであった。なお，標的人物の音声に対する「標的人物の音声と同じ人物のものだと思う程度」の評定値は，高いほど正確な話者同定を行っていることを表し，また，この値が統制群より高いと話者同定の成績に言語化による促進効果が，逆に低いと話者同定の成績に言語隠蔽効果が生

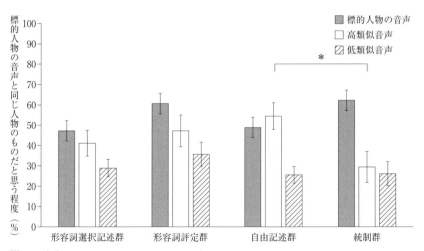

Figure 4-1
音声の言語化群ごとの，テスト時の各音声刺激に対する「標的人物の音声と同じ人物のものだと思う程度（%）」の平均値（各群とも $n=18$）
注）エラーバーは標準誤差を示す。Appendix 4-1 に正確な数値を示す。
$^{*}p<.05$

じたといえる。高類似音声と低類似音声に対する「標的人物の音声と同じ人物のものだと思う程度」の評定値は，低いほど正確な話者同定ができていることを表す。

音声の言語化4×テスト時の音声刺激3の2要因分散分析を行った結果，「音声の言語化」の主効果は有意にならなかったが（$F_{(3, 68)} = 0.96$, $p = .42$, $\eta_p^2 = .04$），「テスト時の音声刺激」の主効果は有意になり（$F_{(2, 136)} = 19.49$, $p < .001$, $\eta_p^2 = .22$），交互作用は有意傾向であった（$F_{(6, 136)} = 2.11$, $p = .06$, $\eta_p^2 = .09$）。なお，交互作用を検出することを想定して事前に設定した効果量（$\eta_p^2 = .06$）よりも，本実験の効果量（$\eta_p^2 = .09$）は大きかった。

交互作用は有意傾向止まりだったが，仮説を厳密に検証するために（桐木，1990），単純主効果の検定を行った。まず，「テスト時の音声刺激」条件ごとの「音声の言語化」の要因の単純主効果については，標的人物の音声（$F_{(3, 204)} = 1.50$, $p = .22$, $\eta_p^2 = .03$）および低類似音声（$F_{(3, 204)} = 0.53$, $p = .67$, $\eta_p^2 = .06$）では有意ではなかった。一方，高類似音声では有意だった（$F_{(3, 204)} = 2.80$, $p = .04$, $\eta_p^2 = .09$）ため，Ryan法による多重比較を行ったところ，自由記述群と統制群の間にのみ有意差が見られ（$t_{(34)} = 2.79$, $d = 0.83$），自由記述群（$M = 54.4$）のほうが統制群（$M = 29.4$）より，「標的人物の音声と同じ人物のものだと思う程度」の評定値が高かった。つまり，自由記述群が統制群より，高類似音声を「学習時に聴いた標的人物の音声と同じ人物のものだ」と判断しやすかった。

次に，「音声の言語化」群ごとの「テスト時の音声刺激」の要因の単純主効果については，形容詞選択記述群では有意傾向だったが（$F_{(2, 136)} = 2.57$, $p = .08$, $\eta_p^2 = .04$），それ以外の形容詞評定群（$F_{(2, 136)} = 4.61$, $p = .01$, $\eta_p^2 = .06$），自由記述群（$F_{(2, 136)} = 6.92$, $p = .00$, $\eta_p^2 = .09$），統制群（$F_{(2, 136)} = 11.72$, $p < .001$, $\eta_p^2 = .15$）では有意であった。そこで，Ryan法による多重比較を行ったところ，形容詞選択記述群（$t_{(17)} = 2.22$, $d = 0.52$）および形容詞評定群（$t_{(17)} = 3.03$, $d = 0.72$）では，標的人物の音声（形容詞選択記述群：M

＝47.2；形容詞評定群：M＝60.6）のほうが，低類似音声（形容詞選択記述群：M＝28.9；形容詞評定群：M＝35.6）より，「標的人物の音声と同じ人物のものだと思う程度」の評定値が高かった（ただし，形容詞選択記述群は有意傾向であった）。これは，形容詞選択記述群と形容詞評定群は，標的人物の音声を低類似音声よりも「学習時に聴いた標的人物の音声と同じ人物のものだ」と判断しやすい傾向があることを示す。自由記述群では，高類似音声（M＝54.4）のほうが低類似音声（M＝25.6）より「標的人物の音声と同じ人物のものだと思う程度」の評定値が高く（$t(17)$＝3.51，d＝0.83），標的人物の音声（M＝48.9）のほうが低類似音声（M＝25.6）より評定値が高かった（$t(17)$＝2.83，d＝0.67）。つまり，自由記述群は，標的人物の音声および高類似音声を低類似音声よりも「学習時に聴いた標的人物の音声と同じ人物のものだ」と判断しやすかった。さらに，統制群では，標的人物の音声（M＝62.2）の方が低類似音声（M＝26.1）より「標的人物の音声と同じ人物のものだと思う程度」の評定値が高く（$t(17)$＝4.38，d＝1.03），また，標的人物の音声のほうが高類似音声（M＝29.4）より評定値が高かった（$t(17)$＝3.98，d＝0.94）。つまり，統制群は，標的人物の音声を高類似音声や低類似音声よりも「学習時に聴いた標的人物の音声と同じ人物のものだ」と判断し，比較的正確に話者同定ができていた。なお，分散分析表を Appendix 4-2 に示す。

　音声の言語化 4 ×テスト時の音声刺激 3 の 2 要因分散分析の交互作用の結果から，標的人物の音声および低類似音声における「音声の言語化」の要因の単純主効果は有意ではなく，形容詞選択記述群，形容詞評定群，自由記述群の音声の言語化を行う 3 群の「標的人物の音声と同じ人物のものだと思う程度」の評定値は，統制群と同程度であった。一方，高類似音声における「音声の言語化」の要因の単純主効果は有意であり，評定値は自由記述群のほうが統制群より高かった。

　このことから，言語化の影響を受けるのは，標的人物の音声ではなく高類似音声であることが示唆された。具体的に述べると，「音声の言語化」 4 群

における，標的人物の音声に対する「標的人物の音声と同じ人物のものだと思う程度」の評定値に差がなかったことから，学習時の標的人物の音声を言語化したとしても，言語化しなかった場合と同じ程度に，そのテスト時の標的人物の音声に対して「学習時に聴いた標的人物の音声と同じ人物のものだ」と判断できるといえる。そして，むしろ，高類似音声に対する評定値が，自由記述群のほうが統制群より高かったこと，また，低類似音声に対する評定値に差がなかったことから，学習時の標的人物の音声を自らの語彙で言語化することにより，その標的人物の音声との言語化情報が似ていない低類似音声ではなく，似ている高類似音声に対して，言語化情報が標的人物の音声と一致する程度が高まり，高類似音声を誤って「学習時に聴いた標的人物の音声と同じ人物のものだ」と思ってしまうのだと考えられる。

　ここで，本実験でも，仮に「学習時に聴いた標的人物の音声と同じ人物のものだと思う」1人を選ぶ手続きを採用していれば，Perfect et al. (2002) および Vanags et al. (2005) と同様に，言語隠蔽効果が生じるのかを検討する。

　標的人物の音声と同じ人物のものだと思う1人を選ぶ手続きを想定したシミュレーション　「標的人物の音声と同じ人物のものだと思う程度」の評定値に基づき，本実験でも，テスト刺激から「標的人物の音声と同じ人物のものだと思う」1人を選択させていれば，Perfect et al. (2002) および Vanags et al. (2005) と同様に，標的人物の音声の特徴や印象を自由記述すると，標的人物の音声の選択率が下がるか，すなわち，自由記述群で言語隠蔽効果が見られるかを検討する。そのために，まず，自由記述群と統制群の比較において言語隠蔽効果が再現されるかを確認し，次に，形容詞選択記述群や形容詞評定群を含めてもそれが見られるかを検討する。

　話者同定テストの回答手続きには，「いない」という選択肢を含まず，テスト刺激の中から必ず1つを選択してもらう強制選択が多く用いられる。本実験では，この回答手続きを想定し，分析を行う。シミュレーションデータ

の作成方法としては，テスト時の各音声刺激に対する「標的人物の音声と同じ人物のものだと思う程度」の評定値に刺激間で差があれば（例えば，ある刺激が50%，別の刺激が40%のとき），最も大きい値の刺激に1，残りの小さい値の刺激に0を当てる。刺激間の評定値に差がなければ（例えば，ある刺激が40%，別の刺激が40%のとき），「1÷（差がなかった刺激の数）」の値を各刺激に当てる（例えば，3つの刺激間で評定値に差がなければ，1を3（刺激の数）で割った値，つまり0.3を各刺激に当てる）。

　強制選択におけるシミュレーションデータの分析を行うために，標的人物の音声と高類似音声のみ（Figure 4-2），標的人物の音声と低類似音声のみ（Figure 4-3），標的人物の音声と高類似音声と低類似音声の3種類（Figure 4-4）のそれぞれがテスト刺激に含まれていた場合を想定し，「音声の言語化」群ごとの「テスト時の各音声刺激」の選択者数を Figure 4-2，4-3，4-4 に示す。なお，期待度数が5未満のセルが全体のセルの数の20%を超えたときは，χ^2検定ではなく Fisher の直接確率法を使用した（以下同様）。

　まず，標的人物の音声と高類似音声のみがテスト刺激に含まれ，参加者に全て提示されていた場合（Figure 4-2）の自由記述群と統制群の2群における，「音声の言語化」と「テスト時の音声刺激」の連関を χ^2 検定で検定したところ，有意な連関が見られた（$\chi^2(1,\ n=36)=5.01,\ p=.03,\ w=.37$）。このことから，自由記述群における標的人物の音声の選択者数は，統制群より有意に少ないことが示された。そこで，形容詞選択記述群と形容詞評定群を含めた場合でも同じ結果が見られるかを確認するために，同じく Figure 4-2 の形容詞選択記述群と形容詞評定群を含めた4群における，「音声の言語化」と「テスト時の音声刺激」の連関を χ^2 検定で検定したところ，有意傾向であった（$\chi^2(3,\ n=72)=6.70,\ p=.08,\ w=.31$）。仮説を厳密に検証するために，残差分析（調整済み残差）を行ったが，有意ではなかった（$ps>.10$）。なお，p値の調整には Bonferroni 法を用いた。

　次に，標的人物の音声と低類似音声のみがテスト刺激に含まれ，参加者に

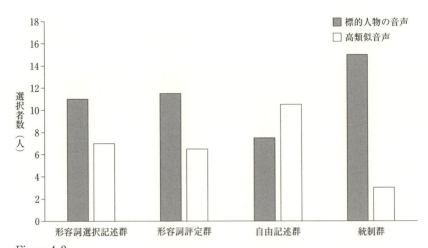

Figure 4-2
音声の言語化群ごとの，強制選択をシミュレートした標的人物の音声と高類似音声に対する選択者数
注）数値に小数があるのは，各音声刺激に0.5ずつコーディングしたものを含むため。Appendix 4-3に正確な数値を示す。

全て提示されていた場合（Figure 4-3）の自由記述群と統制群の2群における，「音声の言語化」と「テスト時の音声刺激」の連関を Fisher の直接確率法で検定したところ，有意ではなかった（$p=1.00$）。このときの χ^2 検定による効果量は，$\chi^2(1, n=36)=0$，$w=0$ であった。そこで，形容詞選択記述群と形容詞評定群を含めた場合でも同じ結果が見られるかを確認するために，同じく Figure 4-3 の形容詞選択記述群と形容詞評定群を含めた4群における，「音声の言語化」と「テスト時の音声刺激」の連関を Fisher の直接確率法で検定したところ，有意な連関は見られなかった（$p=.77$）。このときの χ^2 検定による効果量は，$\chi^2(3, n=72)=2.23$，$w=.18$ であった。

最後に，標的人物の音声と高類似音声と低類似音声がテスト刺激に含まれ，参加者に全て提示されていた場合（Figure 4-4）の自由記述群と統制群の2群における，「音声の言語化」と「テスト時の音声刺激」の連関を Fisher の直接確率法で検定したところ，有意な連関が見られた（$p=.02$）。このときの χ^2

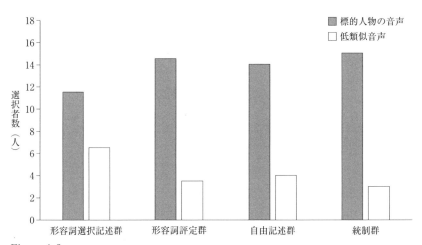

Figure 4-3
音声の言語化群ごとの，強制選択をシミュレートした標的人物の音声と低類似音声に対する選択者数
注）数値に小数があるのは，各音声刺激に0.5ずつコーディングしたものを含むため。Appendix 4-4に正確な数値を示す。

検定による効果量は，$\chi^2(2, n=36)=7.79, w=.47$であった。残差分析（調整済み残差）を行った結果，自由記述群では標的人物の音声を選択する度数が期待度数より有意に少ない傾向があり（$z=-2.42, adjusted\ p=.09$），また高類似音声を選択する度数が期待度数より有意に多かった（$z=2.78, adjusted\ p=.03$）。統制群では標的人物の音声を選択する度数が期待度数より有意に多い傾向があり（$z=2.42, adjusted\ p=.09$），また高類似音声を選択する度数が期待度数より有意に少なかった（$z=-2.78, adjusted\ p=.03$）。なお，p値の調整にはBonferroni法を用いた。そこで，形容詞選択記述群と形容詞評定群を含めた場合でも同じ結果が見られるかを確認するために，同じくFigure 4-4の形容詞選択記述群と形容詞評定群を含めた4群における，「音声の言語化」と「テスト時の音声刺激」の連関をFisherの直接確率法で検定したところ，有意ではなかった（$p=.12$）。このときのχ^2検定による効果量は，$\chi^2(6, n=72)=9.54, w=.36$であった。

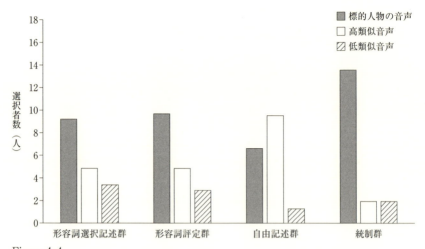

Figure 4-4
音声の言語化群ごとの，強制選択をシミュレートした標的人物の音声と高類似音声と低類似音声に対する選択者数
注）数値に小数があるのは，各音声刺激に0.5または0.3ずつコーディングしたものを含むため。Appendix 4-5に正確な数値を示す。

　以上の結果から，強制選択において，標的人物の音声と高類似音声がテスト刺激に含まれていた場合，言語化の方法により標的人物の音声の選択率に差が見られ，自由記述群が統制群より標的人物の音声の選択率が下がることが示された。一方で，標的人物の音声と低類似音声がテスト刺激に含まれていた場合には，標的人物の音声の選択率に差が見られず，言語化を行うか行わないかによって標的人物の音声の選択率に違いがないことが示された。このことから，Perfect et al.（2002）と Vanags et al.（2005）で見られた言語隠蔽効果は，標的人物の音声の言語化情報に似ているディストラクター人物の音声が彼らの実験で用いたテスト刺激に含まれており，かつ，複数のテスト刺激の中から排他的に標的人物だと思われる刺激を1つだけ選択するよう求めるといったテスト方法により生じた可能性が示された。

総合考察

　言語隠蔽効果は，音声を言語化して起こる「不適切な処理へのシフト」が原因で，標的人物の音声の選択率が下がり，結果的に標的人物の音声を正しく選ぶ率が下がるという転移不適切性処理シフト説によって説明ができると，Vanags et al.（2005）は主張していた。

　しかし，本実験では，標的人物の音声に対する「標的人物の音声と同じ人物のものだと思う程度」の評定値への言語化による影響は見られない一方で，標的人物の音声と言語化情報が似ている高類似音声に対しては，高類似音声を誤って「学習時に聴いた標的人物の音声と同じ人物のものだ」と思う程度が高まることが示された。また，それらを反映して，「標的人物だと思う」1人だけを選ぶ手続きを想定した分析では，Perfect et al.（2002）およびVanags et al.（2005）と同様に，標的人物の音声の特徴や印象を自由記述すると，標的人物の音声の選択率が下がることが再現された。言語化により標的人物の音声に対する「標的人物の音声と同じ人物のものだと思う程度」は下がっていないにもかかわらず，である。

　なお，言語化の際に形容詞群が提示される形容詞選択記述群（$M=5.61$，$SD=2.38$）と自由記述群（$M=5.94$，$SD=1.98$）で，標的人物の音声に対する記述数に有意な違いは認められなかった（$t(32.94)=0.46$，$p=.65$，$d=0.15$）。しかし，そのうち，木戸・粕谷（2001）の6つの声質表現語対（例：「高い−低い」「落着きのない−落着きのある」）にあたる形容詞は，自由記述群（$M=0.61$，$SD=0.70$）のほうが形容詞選択記述群（$M=2.83$，$SD=0.86$）よりも有意に少なかった（$t(32.65)=8.53$，$p<.001$，$d=2.84$）。とはいえ，標的人物の音声に対する「標的人物の音声と同じ人物のものだと思う程度」の評定値が3つの言語化群と統制群で同程度だったことから，自由記述群は言語化が不十分だったために，標的人物の音声に対する話者同定が阻害されなかったという解釈は成り立たないだろう。また，自由記述群でのみ言語隠蔽効果が見られたことについては，自由記述群とそれ以外の言語化群との違いから説明

でき，音声の特徴や印象を，提示された形容詞を選択したり評定したりして表現するのではなく，参加者が自らの語彙を用いて表現することが，ディストラクター人物の音声を「標的人物だ」と判断する上では重要な要因になると考えられる。

　以上のことから，Perfect et al.（2002）と Vanags et al.（2005）の実験で，言語隠蔽効果が見られたのは，話者同定テストの提示・回答手続きとテスト刺激の類似性が関係していると考えられる。すなわち，Perfect et al.（2002）や Vanags et al.（2005）とは異なる側面からの解釈となる。まず，話者同定テストの提示手続きは，複数の音声刺激を順番に提示するラインナップ手続きであること，そして，その回答手続きは，全ての音声刺激を聴いた後に「標的人物だと思う」1人のみを選ぶテスト手続きであることが重要である。これらの提示・回答手続きにより，学習時に聴いた標的人物の音声を言語化していた群においては特に，提示された音声刺激の中から，標的人物の音声の言語化情報との一致度が最も高い音声刺激を1つ選ぶことになる。なお，本実験でシミュレートした，テスト刺激の中から必ず1つを選ぶという強制選択以外の，選択肢に「いない」を含む回答手続きや全ての音声刺激を聴かなくても，標的人物だと思う1人を選択した時点で回答が確定する手続き（sequential procedure）といった回答手続きも同様である。

　テスト刺激のうち1つ，あるいは「いない」を選択してもらうという「いない」を含む回答手続きでは，全てのテスト刺激に対する「標的人物の音声と同じ人物のものだと思う程度」が低いときは「いない」を選ぶが，それ以外のときはいずれかのテスト刺激を排他的に選ぶことが予想されるという点で，「標的人物だと思う」1人を選択するという強制選択と同様に言語隠蔽効果が再現される。また，全ての音声刺激を聴かなくても，標的人物だと思う1人を選択した時点で回答が確定する手続きでは，音声刺激の提示を参加者間でカウンターバランスすることを前提として，全体の半分の参加者が，高類似音声が標的人物の音声より先に提示されたときに高類似音声を選び，

逆に標的人物の音声が高類似音声より先に提示されたときに標的人物の音声を選ぶことが予想されるという点で，言語隠蔽効果が再現される。

次に，テスト刺激の類似性については，本実験の高類似音声のような，標的人物の音声と言語化情報が似ている音声刺激が含まれていたと推察される。これにより，標的人物の音声と少なくとも同程度かそれに近く「標的人物だ」と感じ得る音声が，選択されやすい状況にあったと思われる。

以上の条件で話者同定テストを行うと，言語化をしない場合よりも，標的人物の音声に対する言語化をするほうが，標的人物の音声を正しく選ぶ率が下がるという言語隠蔽効果が生じると考えられる。このことは，視覚刺激が記銘材料のときでもいえる（例えば，北神，2000; Kitagami et al., 2002; Wickham & Swift, 2006）。これらの研究でも，同定テスト時の刺激の提示手続きが「複数の刺激を提示する手続き」であり，回答手続きが「排他的選択を求める手続き」であった。さらに，標的刺激との言語化情報の一致度が高いディストラクター刺激が用いられていた可能性がある。というのは，Kitagami et al. (2002) と Wickham & Swift (2006) は，全体的な「見た印象」の類似度が高いディストラクター刺激を用いていた。しかし，Perfect et al. (2002) および Vanags et al. (2005) と同様に，論文内ではテスト刺激を選定する際の刺激における言語化情報の類似性について言及されてはいないものの，標的刺激との言語化情報の類似度が高いディストラクター刺激が含まれていたという可能性は排除できない。なぜなら，Hatano et al. (2015) が，標的刺激に関する記述内容がどれだけ正確にディストラクター刺激を説明しているのか，ということも言語隠蔽効果を予測する要因になり得ると主張しているからである。すなわち，言語隠蔽効果の生起には，標的刺激とディストラクター刺激の言語化情報の類似度が高いという条件が重要であるといえる。

従来の実験パラダイムすなわち，強制選択などの排他的選択を求めるテスト手続きを想定したシミュレーションでは，Perfect et al., 2002や Vanags et al., 2005と同様に言語隠蔽効果が見られた。とはいえ，本実験の実験パラ

ダイムで明らかになった，言語化によってディストラクター人物の音声を
「標的人物の音声だと誤って同定する確率」が高まり，その分，見かけ上は
標的人物の音声を「標的人物の音声だと正しく同定する確率」が下がるとい
うことが，先行研究の言語隠蔽効果の生起過程にも当てはまるという保証は
ない。そのため，今回の音声刺激を用いて，排他的選択を求めるテスト方法
で実験を行い，言語隠蔽効果が生じることのみならず，標的人物の音声とデ
ィストラクター人物の音声の選択率そのものもシミュレーションの結果と同
程度になるか否かを確認することが，妥当性の点で望ましいかもしれない。
しかし，言語隠蔽効果が生じるメカニズムをより適切に検討できるのは，本
実験で用いたテスト時の各音声刺激に対する「標的人物の音声と同じ人物の
ものだと思う程度」を個別に評定するパラダイムである。その刺激に対して
「標的人物だ」と思ったのはどの程度かを量的に表し，また，それを刺激同
士で比較可能にし，どの刺激に対して最も「標的人物だ」と感じ，あるいは
感じなかったのかを明らかにできる。そして，言語化情報の類似度が高い音
声を高類似条件，低い音声を低類似条件という操作的定義によってテスト刺
激を作成したこと（本研究の調査1）で，言語化の影響が少なくとも「言語化
情報の標的人物の音声との類似度」によって機能的に異なることが明確にな
った。従って，今後は，本実験のような，各音声刺激に対する「標的人物の
音声と同じ人物のものだと思う程度」を個別に評定させるといった実験パラ
ダイムを用いてデータを蓄積することが望ましいだろう。

第3節　本章のまとめ

　以上のことから，今後は，本実験のような，各音声刺激に対する「標的人
物の音声と同じ人物のものだと思う程度」を個別に評定させるといった実験
パラダイムを用いてデータを蓄積することが望ましいといえる。従って，次
章では，この実験パラダイムを用いることで，話者同定の判断過程を理論的
に明らかにする。なお，「標的人物の音声と同じ人物のものだと思う程度」

を個別に評定を求める測定方法は，話者同定テスト時に提示された音声と学習時に提示された音声の話者が同一かどうか判断するという点で，「話者同定」であるが，話者同定テスト時に「標的人物だと思う 1 人」を選択するのではなく「標的人物だと思う程度」を評定するという点で，「話者同一性評定」と呼ぶことにする。次章では，話者同定の判断過程における理論的な枠組みについて提案する。

第5章 話者同一性評定の判断過程は
処理流暢性に影響を受けるか

第1節 記憶課題の遂行過程

前章では，話者同定テスト時に「標的人物だと思う1人」を選択するのではなく「標的人物だと思う程度」を個別に評定するという話者同定の測定方法を新たに提案し，その測定方法を用いることで，言語隠蔽効果が生じるメカニズムをより適切に検討できたといえる。この測定方法を用いれば，これまで特徴分析という，聴覚の基本的なパラメータ（例えば，声の高さ）を照合することが行われていると説明されてきた未知話者の同定の判断過程における理論的な枠組みについて新たな説明ができる可能性がある。本章では，話者同定の判断過程を理論的に説明することを試みる。そのために，まず，代表的な記憶課題である再認の判断過程がどのように説明されてきたのかについて概観する。

再認課題の判断過程を説明する有力な枠組みの1つが，顕在的な回想（recollection）と潜在的な熟知性（familiarity）に基づいて行われるとする再認の2過程モデルである（Jacoby, 1991; Jacoby & Dallas, 1981; レビューとして，藤田，1999）。回想過程とは，意図的な記憶の利用であるのに対し，熟知性過程とは，自動的な記憶の利用を指し，これらは独立した過程とされる。また，Jacoby（1991）によると，回想過程は，テスト時の注意の分割に影響を受け，ほぼ利用不可能になる可能性がある一方で，熟知性過程は，テスト時の注意の分割にほとんど影響を受けないという特徴がある。そして，ある記憶課題，例えば再認課題の遂行における熟知性過程の寄与は，処理流暢性（processing fluency）によって高まると考えられている（Jacoby et al., 1989）。処理流暢性

とは，典型的には同様の処理を繰り返すことにより高まる，さまざまな認知的処理の容易さについての主観的体験を指し（Schwarz, 2004），例えば，ある単語を2回目に読むときにはより流暢に読めたり，一部の情報が欠損していても読むことができるというものである。このように，処理流暢性が高まっている場合には，パフォーマンス（課題遂行）を促進させることが多いが，ときにはエラーにつながることもある。そのエラーの1つに誤帰属があり，その例として，Jacoby et al. (1989) の偽りの有名度判断（false fame judgement）パラダイムを紹介する。有名度判断テストとは，視覚提示された人名が，有名な人物の氏名であるか否かを判断するものである。具体的な手続きとしては，まず，実験の第1段階で，参加者には，無名な人名のみのリストを提示した。この提示によって，無名な人名の流暢性が高まると考えられる。そして，実験の第2段階で，参加者には，第1段階で提示された無名な人名と，第1段階で提示されていない無名な人名と，第1段階で提示されていない有名な人名の3種類の人名からなるリストを提示した。このとき参加者は，第1段階で提示された人名は全て無名だったことを知らされ，第2段階で提示される人名が第1段階で提示されたものと思い出せるならば，必ず「無名」と回答するように教示された。この有名度判断を行う基礎の一つに，提示された人名に対する見覚えがあることは明白だと思われる。つまり提示された人名に見覚えがあればそれは有名であり，見覚えがなければ無名と判断することには一定の合理性があるだろう。ただし，この偽りの有名度判断パラダイムにおいて，第1段階で提示された無名な人名は，その実験内での提示により流暢性が高まっており，すなわち，見覚えが強められているために，誤って有名だと判断される可能性がある。このとき，第1段階で提示された人名だということを回想過程によって思い出せれば，たとえその人名に見覚えがあっても，「この名前に見覚えがあるのは，第1段階で提示されたからだ」と見覚えの原因を正しく帰属できるため，無名だと回答するはずである。つまり，第1段階で提示された無名な人名は，回想過程に基づけば「無名」

と正しく判断されるが，熟知性過程（処理流暢性の基礎となっている過程）に基づけば「有名」と誤って判断されることになる。このように偽りの有名度判断パラダイムでは，回想と熟知性という2つの過程を対立するように配置し，それぞれの過程の課題遂行への影響を分離して評価できるようにしている。ここではさらに，これらの回想と熟知性の過程の影響を別々に測定する再認記憶パラダイムとして，Remember/Know 手続について説明する。

Remember/Know 手続　再認における Remember/Know 手続とは，Remember は「思い出せる」，Know は「わかるだけ」という反応を表す（藤田，1999）。Remember/Know の実験パラダイムとしては，まず参加者は，学習段階で刺激を学習して，再認テスト段階で old/new 判断による再認判断を行う。次に，old（学習項目）と判断したときに，続けて，Remember/Know 手続を行うというものである。ここで，Remember，あるいは，Know と判断するのはどのようなときかが重要になってくる。藤田（1999）によると，Remember（思い出せる）とは，過去の出来事を再経験しているという感覚を伴い，その記憶が本物であることを確証させる詳細（detail）を1つでも回想できる状態のカテゴリである（e.g., Gardiner, 1988; Rajaram & Roediger, 1997）。それに対して，Know（分かるだけ）というのは，その出来事が起こったという確信はしているが，具体的なエピソードの想起はできないという，質的に異なる反応のカテゴリである。別の言い方をすると，Remember が Know よりも「確信度が強い」というような，確信度などの一次元上の量的な違いを表しているのではない（藤田，1999）。また，Remember 判断率は，テスト時の注意分割によって減るという特徴がある一方で，Know 判断率は，テスト時の注意分割によって影響を受けにくいという報告がある（Gardiner & Parkin, 1990）。このような特徴もあって，Remember 判断は回想過程を反映しており，Know 判断は熟知性過程を反映していると考えられている（レビューとして，藤田，1999）。ここで，再認の理論である Remember/Know 手続を話者同定の課題遂行に当てはめて考えてみよう。話

者同定研究において Remember/Know 手続を用いた研究として，Procter & Yarmey（2003）の実験を紹介する。

話者同定と Remember/Know 手続　Procter & Yarmey（2003）は，話者同定に関わる検索過程を探るため，話者同定成績と Remember/Know 手続の関連を検討した。Procter & Yarmey（2003）の Remember/Know 手続では，ある音声を標的人物のものと同定した参加者に対してさらに，学習段階の音声を「思い出せる（Remember）」のか，それともラインナップ手続きに提示された音声が標的人物のものであることが単に「わかるだけ（Know）」なのかを尋ねた。その結果，参加者が標的人物の音声を正しく選んだ率が高かったのは，「わかるだけ（Know）」よりも「思い出せる（Remember）」のほうであった。その理由としては，パターン認識よりも特徴解析のほうが処理に大きく関与するからであるという考察がなされていた。

　パターン認識（pattern recognition）とは，既知話者の同定判断で主に用いられ，音声刺激が全体的なパターンとして処理され，既知のパターンとテスト刺激のパターンが照合されるものである一方で，特徴分析（featural analysis）とは，未知話者の同定判断で主に用いられ，音声刺激の聴覚の基本的なパラメータ（例えば，声の高さ）が照合されるものである（Kreiman & Sidtis, 2011; Stevenage, 2018; Van Lancker et al., 1985a; Van Lancker et al., 1985b; Van Lancker & Kreiman, 1987）[14]。すなわち，未知話者における話者同定では，学習時に聴いた標的人物の音声とテスト刺激が似ているか異なるかを判断する際に，既知の情報を持っていないためにパターン認識を行えず，聴覚の基本的なパラメータの照合が行われるのであれば，標的人物の音声を分析的に「思い出せる（Remember）」ことは，直感的に「わかるだけ（Know）」よりも，話者同定の検索過程として重要であろう。ただし，熟知性が話者同定に影響

14）パターン認識の下位過程に鋳型照合モデルと特徴分析モデルがあるという考え方があるが，Kreiman & Sidtis（2011）や Stevenage（2018）の考え方に従って，ここでいうパターン認識と特徴分析はそれらとは異なる概念として扱う。

する場合もあると考えられる。例えば，熟知性が高い刺激，すなわち，聞き
覚えを感じる刺激には，その音声が標的人物の音声でなくとも，標的人物の
音声であると誤帰属してしまうこともあるのではないか。回想過程と熟知性
過程は独立した過程とされているため（Jacoby, 1991），それらの間にトレー
ドオフの関係は想定していない。つまり，学習エピソードの回想過程の利用
可能性と熟知性過程の利用可能性がともにあったときに，どちらに基づいた
判断をするかは個人間によっても，個人内によっても，その状況によって異
なるのではないかということである。学習エピソードの回想過程の利用可能
性が高まっていれば，聞き覚えがあっても，より確実性の高い学習エピソー
ドの回想過程に基づいた判断を行うと考えられる。一方で，熟知性過程の利
用可能性が高まっていれば，学習エピソードの回想過程に基づいた判断より
も，直感的に聞き覚えに基づいた判断を行うことが増えると考えられる。こ
のように，回想過程と熟知性過程のどちらも話者同定判断に利用可能ではあ
るが，どちらの過程に相対的に依存するかは状況によって異なるのではない
か。その傍証として，Goh（2005）の実験がある。

第2節　音声刺激に対する再認研究

　Goh（2005）は，単語再認の誤警報率（false alarm: FA）が，既学習話者の
音声で提示された単語のほうが，未学習話者の音声で提示された音声よりも
高いことを報告した。Goh（2005）の実験では，まず学習段階として，未知
話者の音声が提示され，聴こえた単語をパソコンで入力するように指示した。
このとき，学習した単語と音声は，テスト項目において「既学習単語」「既
学習話者の音声」というカテゴリーになる。次に挿入課題として，3分間の
数学検証課題に取り組むように求めた。その後，単語再認テスト段階として，
聴覚提示される単語を学習時に聴いたかどうかを回答するように指示した。
このとき，既学習単語を読み上げるのは，学習時と同じ既学習話者の場合と，
学習時と違う既学習話者の場合，学習時に提示されていない未学習話者の場

合とがあったが，再認判断自体はこれらを区別する必要はなかった。その結果，単語再認における，既学習単語に対して「学習した」という反応であるHIT率は，学習時と同じ既学習話者の音声で提示された場合，学習時と違う既学習話者の音声で提示された場合，未学習話者の音声で提示された場合の順に高かった。また，単語再認における，未学習単語に対して「学習した」という反応であるFA率は，既学習話者の音声で提示された場合のほうが未学習話者の音声で再生された場合よりも高かった。すなわち，未学習単語に対して，学習時に聴いたという誤った反応が生起する際には，その単語が未学習でも，その単語を話す話者の音声に聞き覚えを感じたために，「学習した（単語だ）」という反応をより多くしたと考えられる。この解釈が正しいならば，刺激（話者が発する言葉）の特定性の影響はそれほど高くないといえる。つまり，学習時と同じセリフ内容の反復でなくても，異なるセリフ内容であっても，学習時と同じ話者の音声の提示回数が増えれば聞き覚えを感じやすくなるといえる。

　それでは，話者同定テストでも同様に，ある話者の音声の提示回数の増加により，聞き覚えを音声に感じたら，すなわち，熟知性過程の利用可能性が高まっていれば，学習エピソードの回想過程に基づいた判断よりも，聞き覚えに基づいた判断しやすくなるのだろうか。それとも，学習エピソードの回想過程の利用可能性が十分に高まっていれば，聞き覚えがあっても，学習エピソードの回想過程に基づいた判断を行うのだろうか。そこで，熟知性の高まりによる「聞き覚え」が話者同定の課題遂行にとって重要な役割を果たしているかどうかを潜在記憶研究のパラダイムを応用して検討する。

第3節　実験3

目　的

　ある話者の音声の提示回数の増加により，聞き覚えを音声に感じたら，すなわち，熟知性過程の利用可能性が高まっていれば，学習エピソードの回想

過程に基づいた判断よりも，聞き覚えに基づいた判断をしやすくなるのだろうか。それとも，学習エピソードの回想過程の利用可能性が十分に高まっていれば，聞き覚えがあっても，学習エピソードの回想過程に基づいた判断を行うのだろうか。本実験では，聞き覚えが話者同定の課題遂行にとって重要な役割を果たしているのかを明らかにする。そこで，標的人物の音声を学習する話者同一性評定セッションの学習段階に先行して，(a)標的人物のテスト刺激と同一の音声刺激を予め聴く場合，(b)非標的人物のテスト刺激と同一の音声刺激を予め聴く場合，(c)テスト刺激を予め聴かない場合の３つの条件を設けることで，先行提示セッションと話者同一性評定セッションのテスト段階のテスト刺激の反復提示によって生じる処理流暢性に基づく熟知度を操作する。(a)では，先行提示セッションで標的人物のテスト刺激と同一の音声刺激を聴くことで，テスト段階における標的人物の熟知度を予め高め，(b)では，先行提示セッションで非標的人物のテスト刺激と同一の音声刺激を聴くことで，テスト段階における非標的人物の熟知度を予め高める。そして，(c)では，先行提示セッションでテスト刺激とは無関連なフィラー人物の音声刺激のみを聴くことで，テスト段階における全ての音声刺激（標的人物・非標的人物・未学習人物）の熟知度を高めず，ベースラインとして(a)(b)と比較する。また，本実験では，これまでの実験とは異なり，話者同一性評定セッションのテスト段階における各テスト刺激の提示回数を変更する。具体的には，実験２では，１名の人物の音声につき１回ずつ音声刺激を提示していたが，測定誤差の影響が大きいことが危惧されるため，本実験では，テスト段階において標的人物，非標的人物，未学習人物の３名の音声を10回ずつ提示する。このとき，全10回とも同一のセリフではなく，10種類の異なるセリフを３名それぞれの音声で提示する。これにより，話者同一性評定セッションのテスト段階において，テスト刺激全10回提示することによって，３名の話者の音声に関する処理流暢性を高め，熟知度（聞き覚え）が高まるかどうかの検討も可能になる。

テスト段階で提示される音声刺激における熟知度の高まりのソースは3種類あると思われる。1つめは、(a)「標的人物のテスト刺激の先行提示群」および(b)「非標的人物のテスト刺激の先行提示群」において、先行提示セッションでテスト刺激を予め聴くことによる、テスト刺激の熟知度の高まりである。このとき、(a)「標的人物のテスト刺激の先行提示群」では、標的人物のテスト刺激の熟知度が高まり、(b)「非標的人物のテスト刺激の先行提示群」では、非標的人物のテスト刺激の熟知度が高まると考えられる。2つめは、(a)(b)(c)全群において、話者同一性評定セッションの学習段階で標的人物の音声を聴くことによる、標的人物の音声の熟知度の高まりである。3つめは、(a)(b)(c)全群において、話者同一性評定セッションのテスト段階中に異なるセリフのテスト刺激を繰り返し聴くことによる、テスト刺激の熟知度の高まりである。本実験の具体的な仮説としては、次の通りである。まず前提として、話者同定の課題要求は、聴こえた音声に対して聞き覚えがあるかどうかではなく、学習時に聴いた標的人物の音声と同じ人物のものであるかどうかを判断することであり、また、(a)(b)(c)全群において、話者同一性評定セッションの学習段階で標的人物の音声を聴くことによる、標的人物の音声の熟知度の高まりがあることから、学習エピソードの回想過程の利用可能性は十分にあると考えられる。その上で、2つ仮説がある。

1つめは、参加者が、先行提示セッションにおけるテスト刺激の反復提示によって高まった処理流暢性、すなわち聞き覚えを、「先行提示セッションで聴いたからだ」ではなく、「学習段階で聴いた標的人物の音声だからだ」に誤帰属させるのであれば、(a)「標的人物のテスト刺激の先行提示群」が(b)および(c)よりも、標的人物の音声に対する「標的人物の音声と同じ人物のものだと思う程度」の全10試行の平均値が高くなり、(b)「非標的人物のテスト刺激の先行提示群」が(a)および(c)よりも、非標的人物の音声に対する「標的人物の音声と同じ人物のものだと思う程度」の全10試行の平均値が高くなることが予想される。

２つめは，参加者が，話者同一性評定セッションのテスト段階中に異なる
セリフのテスト刺激を繰り返し聴くことによって高まった処理流暢性，すな
わち聞き覚えを，「テスト段階で繰り返し聴いたからだ」ではなく，「学習段
階で聴いた標的人物の音声だからだ」ということに誤帰属させるのであれば，
(a)(b)(c)における，テスト段階中の最後の試行が最初の試行よりも，各テスト
刺激に対する「標的人物の音声と同じ人物のものだと思う程度」が高くなる
ことが予想される。

方　法

デザイン　実験は，テスト刺激の先行提示３（標的人物／非標的人物／な
し；参加者間）×テスト時の音声刺激３（標的人物／非標的人物／未学習人物；参
加者内）の２要因混合計画で，個別に行った。従属変数は，「標的人物の音
声と同じ人物のものだと思う程度」の評定値であった。本実験は，法政大学
文学部心理学科・心理学専攻倫理委員会による承認を得た（22-0054）。

サンプルサイズ設計と参加者　適切なサンプルサイズを設定するために，
交互作用を検出することを想定した検定力分析を行った。G*Power3.1.9.6
（Faul et al., 2007; Faul et al., 2009）による事前効果量（$\eta_p^2 = .06$，α level = .05,
power of 1-β = .80）に基づいて算出した結果，サンプルサイズは１つの群に
つき12名ずつ（総計36名）であった。しかし，詳しくは後述するが，音声刺
激の提示順序は，先行提示セッションで４通り，話者同一性評定セッション
のテスト段階で２通り設けるために，各群の参加者数は８の倍数である必要
があることから，サンプルサイズは１つの群につき16名ずつ（総計48名）と
なった。なお，本実験と同様の検討を行った先行研究がなく，効果量が予測
できなかったため，Cohen（2013）に基づいて中程度の効果量（$\eta_p^2 = .06$）を
設定した。参加者は，聴覚に困難がない大学生51名であった（男性18名，女
性32名，その他１名：18-24歳）。

装置　WAV 形式の音声刺激を，Apple 社製のノートパソコン MacBook

Pro（44.1kHz／24bit）で再生し，AIAIAI 社製のヘッドフォン TMA-2 STU-DIO（再生周波数帯域は20−20,000Hz）から出力した。なお，音声刺激の長さの調整は Praat6.2.14（Boersma & Weenink, 2022）で行った。

刺激　まず，音声刺激の種類について説明する。本実験では，テスト段階における全ての音声刺激の熟知度を高めない「テスト刺激の先行提示なし群」を設けるが，単に，先行提示セッションを実施しない，すなわち，話者同一性評定セッションの学習段階より前の段階で音声を聴かないことにすると，「テスト刺激の先行提示なし群」が他の２つの群に比べて疲労が少なくなることが考えられる。具体的には，「テスト刺激の先行提示なし群」が「標的人物のテスト刺激の先行提示群」および「非標的人物のテスト刺激の先行提示群」よりも，話者同一性評定セッションのテスト段階までのトータルの実験時間が短くなるという疲労の影響が交絡する可能性がある。また，先行提示が何もない場合，他の２群と比較して，テスト時の音声刺激の言葉の意味内容自体の反復提示の有無が交絡する可能性もある。さらに，標的人物の学習段階での提示に先立って，何らかの音声刺激を提示することによる干渉の有無も交絡する可能性がある。そのため，「テスト刺激の先行提示なし群」でも，話者同一性評定セッションの学習段階より前の段階で音声を聴くことにし，テスト段階に含まれる話者（標的人物，非標的人物，未学習人物）以外の人物（フィラー人物）の音声で，テスト刺激と同じセリフを提示することとする。このとき，「標的人物のテスト刺激の先行提示群」および「非標的人物のテスト刺激の先行提示群」では，先行提示セッションにおいて，標的人物あるいは非標的人物のみを提示することにすると，標的人物あるいは非標的人物を学習段階に先行して提示することの影響を検討しているなどの実験の意図が参加者に気づかれる可能性や，気づかれた場合には「標的人物のテスト刺激の先行提示群」では標的人物の音声の分散学習の機会が増えることになる可能性がある。そのため，「テスト刺激の先行提示なし群」だけでなく，「標的人物のテスト刺激の先行提示群」および「非標的人物のテ

第5章　話者同一性評定の判断過程は処理流暢性に影響を受けるか　　101

スト刺激の先行提示群」においてもフィラー人物の音声を先行提示セッションで提示することにする。

　以上のことから，先行提示セッションにおいて，「標的人物のテスト刺激の先行提示群」では標的人物1名とフィラー人物2名（A・B），「非標的人物のテスト刺激の先行提示群」では非標的人物1名とフィラー人物2名（A・B），「テスト刺激の先行提示なし群」ではフィラー人物2名（A・B）の音声を提示した。なお，分析対象ではないフィラー人物2名（A・B）は全参加者で共通していた。また，本研究の調査1より，フィラー人物2名（A・B）の音声は，音声の特徴や印象を言語的に表した言語化情報が標的人物の音声と似ていない音声刺激を選定した[15]。なお，標的人物の音声と言語化情報が似ていない音声刺激とは，例えば，「声の太さ」の次元では標的人物の音声の聴取印象（例：細い声）と一致しない「太い声」と言語化される音声を指す。

　話者同一性評定セッションの学習段階では，標的人物の音声のみを提示した。なお，標的人物は全参加者で共通していた。

　話者同一性評定セッションのテスト段階では，標的人物と非標的人物と未学習人物の計3名の音声を提示した。なお，標的人物と非標的人物と未学習人物は全参加者で共通していた。「非標的人物のテスト刺激の先行提示群」では，非標的人物の音声が先行提示されることから，非標的人物は未学習人物と違って，既学習のディストラクター人物ということになる。一方で，「標的人物のテスト刺激の先行提示群」および「テスト刺激の先行提示なし群」では，非標的人物の音声が先行提示されないことから，非標的人物は未学習人物と同じく，未学習のディストラクター人物ということになる。ただし，非標的人物と未学習人物はどの群においてもディストラクター人物であるため，「標的人物の音声と同じ人物のものだと思う程度」は共通して低く

15）本研究の調査1の結果を踏まえて，話者4と話者8をフィラー人物として選定した。

評定する必要があるという課題要求はどの群においても変わらない。ここで，非標的人物の音声と未学習人物の音声についてどのように選定するかということが問題になる。具体的には，音声の特徴や印象を言語的に表した言語化情報が標的人物の音声と似ている人物の音声を選定するべきか，似ていない人物の音声を選定するべきかという点である。まず，非標的人物の音声の選定方法について説明する。もし，非標的人物の音声として，言語化情報が標的人物の音声と似ている人物の音声を選定したとき，「非標的人物のテスト刺激の先行提示群」において，その他の２つの群に比べて，非標的人物の音声に対する「標的人物の音声と同じ人物のものだと思う程度」が高く評定されたときに，それは，非標的人物の音声の言語化情報が標的人物の音声と似ていたから高く評定されたのか，それとも，非標的人物の音声が先行提示されたから高く評定されたのか，わからない。よって，本実験では，非標的人物の音声については，言語化情報が標的人物の音声と似ていない人物の音声を選定する。次に，未学習人物の音声の選定方法について説明する。本実験では，標的人物の音声の言語化は求めない。とはいえ，先行提示セッションでフィラー人物の音声が提示されることや，話者同一性評定セッションのテスト段階で標的人物を含む３名の音声が提示されることから，テスト時に標的人物の音声を弁別しにくくなることが予想される。そのため，テスト段階の教示中や試行中に，標的人物の音声を弁別するために，言語化する可能性もある。言語化により，標的人物の音声および，言語化情報が標的人物の音声と似ていない人物の音声に対する「標的人物の音声と同じ人物のものだと思う程度」は高低しないこと，一方で，言語化により，言語化情報が標的人物の音声と似ている人物の音声に対する「標的人物の音声と同じ人物のものだと思う程度」は高くなることが，本研究の実験２より明らかになっている。すなわち，回想過程の記憶を利用する際に，言語化などの，音声の特徴や印象を言語的に処理する方略を使用したかどうかの判断材料としては，言語化情報が標的人物の音声と似ている人物の音声を選定したほうがよいだろう。

第 5 章　話者同一性評定の判断過程は処理流暢性に影響を受けるか　103

よって，本研究では，未学習人物の音声については，言語化情報が標的人物の音声と似ている人物の音声を選定する。以上のことから，本研究の調査1より，非標的人物の音声には，音声の特徴や印象を言語的に表した言語化情報が標的人物の音声と似ていない音声刺激を選定する一方で，未学習人物の音声には，音声の特徴や印象を言語的に表した言語化情報が標的人物の音声と似ている音声刺激を選定した[16]。なお，標的人物の音声と言語化情報が似ていない音声刺激とは，例えば，「声の太さ」の次元では標的人物の音声の聴取印象（例：細い声）と一致しない「太い声」と言語化される音声を指し，反対に，標的人物の音声と言語化情報が似ている音声刺激とは，標的人物の音声の聴取印象（例：細い声）と一致する「細い声」と言語化される音声を指す。また，いずれの人物の音声も，連続して聴取する限りは標的人物の音声と容易に弁別可能であった。音声刺激は，全参加者にとって未知話者であった。

　次に，音声刺激のセリフについて説明する。先行提示セッションの音声刺激のセリフは，4-6モーラの言葉で（例えば，こんにちは），全部で20種類あった（Table 5-1）。そのうちの10種は，話者同一性評定セッションのテスト段階でも提示されるセリフ（以下，テスト語とする）であり，残りの10種は，先行提示セッションのみで提示されるセリフ（以下，無関連語とする）であった。先行提示セッションにおいてテスト語（10種を1回ずつ）を話すのは「標的人物のテスト刺激の先行提示群」では標的人物（10種）およびフィラー人物2名（2人で5種ずつ分ける），「非標的人物のテスト刺激の先行提示群」では非標的人物（10種）およびフィラー人物2名（2人で5種ずつ分ける），「テスト刺激の先行提示なし群」ではフィラー人物2名（2人とも10種ずつ）であった。すなわち，参加者1人につき，テスト語（10種）も無関連語（10種）も，各種2回ずつ提示された。なお，フィラー人物にもテスト語を話させる

16）本研究の調査1の結果を踏まえて，話者2を標的人物，話者7を非標的人物，話者5を未学習人物として選定した。

Table 5-1
先行提示セッションにおける各群ごとのセリフの一例

言葉	標的人物のテスト刺激の先行提示			非標的人物のテスト刺激の先行提示			テスト刺激の先行提示なし	
	フィラー人物A	フィラー人物B	標的人物	フィラー人物A	フィラー人物B	非標的人物	フィラー人物A	フィラー人物B
テスト語	おはよう おやすみ おかえり りょうかい ようこそ おめでとう すみません そうなんだ こちらこそ おだいじに	またあおう ひさしぶり いらっしゃい おじゃまします おしあわせに	こんにちは さようなら ごちそうさま おつかれさま はじめまして またあおう ひさしぶり いらっしゃい おじゃまします おしあわせに	おはよう おやすみ おかえり りょうかい ようこそ おめでとう すみません そうなんだ こちらこそ おだいじに	またあおう ひさしぶり いらっしゃい おじゃまします おしあわせに	こんにちは さようなら ごちそうさま おつかれさま はじめまして またあおう ひさしぶり いらっしゃい おじゃまします おしあわせに	こんにちは さようなら ごちそうさま おつかれさま はじめまして またあおう ひさしぶり いらっしゃい おじゃまします おしあわせに	こんにちは さようなら ごちそうさま おつかれさま はじめまして またあおう ひさしぶり いらっしゃい おじゃまします おしあわせに
無関連語	おはよう おやすみ おかえり りょうかい ようこそ おめでとう すみません そうなんだ こちらこそ おだいじに			おはよう おやすみ おかえり りょうかい ようこそ おめでとう すみません そうなんだ こちらこそ おだいじに			おはよう おやすみ おかえり りょうかい ようこそ おめでとう すみません そうなんだ こちらこそ おだいじに	おはよう おやすみ おかえり りょうかい ようこそ おめでとう すみません そうなんだ こちらこそ おだいじに

第5章 話者同一性評定の判断過程は処理流暢性に影響を受けるか　105

理由としては，テスト時にどのセリフが提示されていたかという言葉自体の
エピソード記憶で判断できないようにするためであった。また，「テスト刺
激の先行提示なし群」では，フィラー人物2名（A・B）のセリフの内訳は，
例えば，フィラー人物Aが無関連語（10種）の全種，および，テスト語（10
種）の全種を1回ずつ話し，フィラー人物Bが無関連語（10種）の全種，お
よび，テスト語（10種）の全種を1回ずつ話すことになる。一方で，「標的
人物のテスト刺激の先行提示群」および「非標的人物のテスト刺激の先行提
示群」では，フィラー人物2名（A・B）のセリフの内訳は，例えば，フィ
ラー人物Aが無関連語（10種）の全種を1回ずつ話すのに加えて，テスト語
（10種）のうち5種を1回ずつ話し，フィラー人物Bが無関連語（10種）の全
種を1回ずつ話すのに加えて，テスト語（10種）のうち5種を1回ずつ話す
ことになる。このとき，「標的人物のテスト刺激の先行提示群」および「非
標的人物のテスト刺激の先行提示群」では，フィラー人物のために，全10種
を5種に分けたテスト語の組合せは全参加者で共通していたが（セット1：こ
んにちは，さようなら，ごちそうさま，おつかれさま，はじめまして；セット2：ま
たあおう，ひさしぶり，いらっしゃい，おじゃまします，おしあわせに），どちらの
フィラー人物がどちらのテスト語5種セットを話すかは参加者間でカウンタ
ーバランスした（2通り）。

　話者同一性評定セッションのテスト段階の音声刺激のセリフは，先述した
テスト語にあたり，すなわち，4-6モーラの言葉で（例えば，こんにちは），
全部で10種類あった。なお，先述した通り，先行提示セッションで流される
標的人物と非標的人物の音声刺激は，話者同一性評定セッションのテスト段
階で流される標的人物と非標的人物の音声刺激と同じもの（例えば，こんにち
は）であった。一方，話者同一性評定セッションの学習段階の音声刺激のセ
リフのみ異なるものであり，約1分間のオレオレ詐欺を模したセリフ（第2
章，Table 2-1）であった。

　言葉の親密度評定　先行提示セッションでは，聴こえた言葉にどの程度な

じみがあるかを評定するように求めた（1：なじみがない—7：なじみがある）。ここでいう，なじみのある程度とは，その言葉をこれまでにどの程度，見たり，聞いたり，使ってきたかに基づいたものであり（千原・辻村，1985；藤田他，1991），頻繁に見聞きし，使う言葉はなじみがあるものとして大きな数字を選択し，滅多に見聞きせず，使わない言葉はなじみがないものとして小さい数字を選択するように求めた。

手続き　手続きの一連の流れを Figure 5-1 に示す。

まず，参加者には，本調査の目的と方法，参加の自由，同意の撤回ができること，プライバシーへの配慮等を予め書面と口頭で伝えた上で，本調査の参加に同意するかどうかの回答を求めた。同意した参加者には，先行提示セッションと話者同一性評定セッションを異なる2種類の研究として説明する

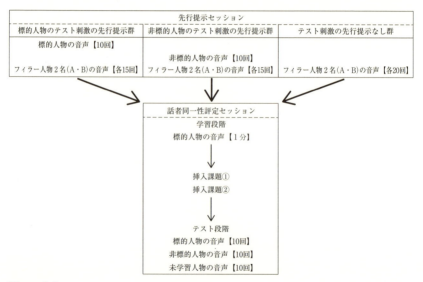

Figure 5-1
実験3の手続きのフローチャート
注）先行提示セッションにおける標的人物の音声および非標的人物の音声は，話者同一性評定セッションのテスト段階における標的人物の音声および非標的人物の音声と同一の音声刺激である。なお，先行提示セッションのセリフ内容は Table 5-1 を参照されたい。

第5章　話者同一性評定の判断過程は処理流暢性に影響を受けるか　107

ことで，標的人物の音声に対する聞き覚えを潜在的に強めることにした。その際，「今回は先に調査，次に実験という形で異なる2種類の『音声を用いた研究』を行います」と書面および口頭で伝えた。

　その後，先行提示セッションとして，10種のテスト語を話す標的人物の音声，非標的人物の音声，フィラー人物の音声，および，10種の無関連語を話すフィラー人物の音声をそれぞれ提示した（詳細は，上記の「刺激」を参照のこと）。「標的人物のテスト刺激の先行提示群」では標的人物およびフィラー人物2名の計3名の音声，「標的人物のテスト刺激の先行提示群」では非標的人物およびフィラー人物2名の計3名の音声，「テスト刺激の先行提示なし群」ではフィラー人物2名の音声のみをそれぞれ提示した。このとき，先行提示セッションで流される標的人物と非標的人物の音声刺激は，話者同一性評定セッションのテスト段階で流される標的人物と非標的人物の音声刺激と同じもの（例えば，こんにちは）であった。提示順序は，同一話者および同一言葉の音声が2回を超えて連続しないように制約を加えた全40試行を疑似ランダム順にし，その順行と逆行の2通りを各群の参加者間でカウンターバランスした[17]。音声刺激を1つ聴くごとに，その言葉にどの程度なじみがあるかを7件法（1：なじみがない—7：なじみがある）で評定するように求めた。なお，回答時間は設けておらず，全参加者はセルフペースで回答した。ただし，反応時間は測定していないため正確な時間はわからないが，全参加者は概ね3秒以内に回答していた。その際，「この調査では，幾つかの言葉について調べます。それぞれの言葉について，どの程度なじみがあるかを判断し

---

17) 先行提示セッションの提示順序は，「標的人物のテスト刺激の先行提示群」および「非標的人物のテスト刺激の先行提示群」では，2（フィラー人物Aがテスト語5種セット1・フィラー人物Bがテスト語5種セット2，フィラー人物Aがテスト語5種セット2・フィラー人物Bがテスト語5種セット1）×2（順行，逆行）の4通りであった。「標的人物のテスト刺激の先行提示群」および「非標的人物のテスト刺激の先行提示群」においてフィラー人物が話していた部分は共通していた。「テスト刺激の先行提示なし群」では，「標的人物のテスト刺激の先行提示群」（「非標的人物のテスト刺激の先行提示群」）の，「標的人物の音声」（「非標的人物の音声」）の部分を，フィラー人物Aまたはフィラー人物Bに置き換えた。

てください。これから，幾つかの言葉を流します。1つの言葉を聴くごとに，あなた自身が，その言葉をこれまでにどの程度，見たり，聞いたり，使ってきたかに基づいて，その言葉にどの程度なじみがあるかを回答してください。なお，同じ言葉が何回も流れますが，提示回数を気にする必要はありません。また，それより前の回答と同じにする必要もありませんし，変える必要もありませんので，それぞれの言葉を聴くごとに，その時々の直感で評定してください。もし，ある言葉について頻繁に見聞きし，使う言葉はなじみがあるものとして大きな数字を選択し，滅多に見聞きせず，使わない言葉はなじみがないものとして小さい数字を選択してください」と書面および口頭で伝えた。なお，「言葉にどの程度なじみがあるか」を回答させた理由としては，本研究の実験2で扱った言語隠蔽効果の生起を避けるために，音声の特徴や印象を言語化させず，しかし，音声に注目してもらうために，音声の印象評定ではなく，言葉の親密度評定を求めた。そして，実験の準備という名目で，1分間の休憩を挟んだ。

　その後，話者同一性評定セッションの学習段階として，約1分間のオレオレ詐欺を模した標的人物の音声を提示した。その際，「これから，1人の人物の音声で約1分間の会話を流します。後ほど，その会話に関する質問をするため，注意深く聴いてください。なお，メモなどは取らないでください」と書面および口頭で教示し，選択的に音声の特徴や印象などを符号化させないために，後にどのようなテストがあるかは伝えないようにした。次に，挿入課題として2つの課題にそれぞれ3分間取り組むように求めた。1つ目は，文字カウント課題（Appendix 3-1）であり，その内容は，「上に突き出るアルファベット（b, d, f, h, k, l）」または「下に突き出るアルファベット（g, j, p, q, y）」を数えるものであった。2つ目は，掛け算の100マス計算課題であり，その内容は，縦10×横10のマスに，上端と左端に書かれた0-9の数字同士を掛け算した答えを書くものであった。それぞれの課題の目的は，リハーサルの遂行を妨害した上で，短期記憶に保持した標的人物の音声の聴覚情

報を消すことであった。

　その後，話者同一性評定セッションのテスト段階として，10種のテスト語を話す標的人物と非標的人物と未学習人物の計3名の音声を提示した。提示順序は，同一話者および同一言葉が2回を超えて連続しないように制約を加えた全30試行を疑似ランダム順にし，その順行と逆行の2通りを各群の参加者間でカウンターバランスした[18]。その際，「これから，複数の人物の音声を流します。これから流す音声の話者が，先ほど聴いた音声の話者と同じ人だと思う程度を，一つの言葉を聴くごとに回答してください。なお，『先ほど聴いた音声の話者』は，調査の後の休憩後すぐに聴いた1人の話者のことです。同じ話者が何回か提示されますし，同じ言葉も何回か提示されますが，すでに出てきた話者かどうか，また，すでに出てきた言葉かどうかは考える必要はありません。調査の後の休憩後すぐに聴いた話者かどうかを，それぞれの音声ごとに個別に判断してください。先ほど聴いた音声についてあなたが覚えているか覚えていないかに関わらず，これから流す音声の話者が先ほど聴いた音声の話者と同じ人だと思う程度を答えてください。すなわち，先ほど聴いた音声を全く思い出せないとき，つまり，先ほど聴いた音声の話者と同じ人かどうかわからないときも『0』を選択し，先ほど聴いた音声をありありと思い出せて，かつ，これから流す音声の話者と先ほど聴いた音声の話者が同じ人ではないと思ったときも『0』を選択してください。繰り返しになりますが，先ほど聴いた音声の話者と同じ人かどうか，そして，同じ人だと思うなら，それは，どの程度同じか，ということだけを判断してください」と書面および口頭で教示し，1つのテスト刺激の提示が終わるごとに個別に判断するように求めた。回答は，「0％：同じだと思わない」から「100％：同じだと思う」の10％刻みの目盛り（11件法）のうち当てはまるところに○を付けてもらった。なお，目盛りは10％刻みであるため，例えば，

---

18) 話者同一性評定セッションのテスト段階の提示順序は，3つの全群において2（順行，逆行）の2通りであった。

40-50％の間だと思ったときでも，より当てはまる数字の目盛り「40」か「50」のどちらかに○を付けるように説明した。なお，回答時間は設けておらず，全参加者はセルフペースで回答した。ただし，反応時間は測定していないため正確な時間はわからないが，全参加者は概ね３秒以内に回答していた。全てのテスト刺激を評定後，実験の本来の趣旨説明を含むディブリーフィングを行い，実験参加への同意を再度取った。謝礼のお菓子を手渡し，実験終了とした。なお，所要時間は約30分であった。

結果と考察

　以下，分析ごとに結果と考察を記す。なお，テスト刺激の先行提示の各群に16名ずつ割り当てたが，「非標的人物のテスト刺激の先行提示群」および「テスト刺激の先行提示なし群」のうち，教示に従っていないことが疑われた３名のデータを除外し，別の参加者３名を追加したため，各群16名ずつの計48名を分析対象とした。各群の内訳は，「標的人物のテスト刺激の先行提示群」（男性６名，女性10名；18-21歳），「非標的人物のテスト刺激の先行提示群」（男性６名，女性10名；18-19歳），「テスト刺激の先行提示なし群」（男性５名，女性10名，その他１名；18-24歳）であった。

　全10試行の平均値を対象にした分析　「標的人物のテスト刺激の先行提示群」，「非標的人物のテスト刺激の先行提示群」，「テスト刺激の先行提示なし群」の３群におけるテスト時の各音声刺激に対する「標的人物の音声と同じ人物のものだと思う程度」の評定値の全10試行の平均値を Figure 5-2 に示す。全10試行の「標的人物の音声と同じ人物のものだと思う程度」の平均値を従属変数とした分析の目的は，参加者が，先行提示セッションにおけるテスト刺激の反復提示によって高まった処理流暢性，すなわち聞き覚えを，「先行提示セッションで聴いたからだ」ではなく，「学習段階で聴いた標的人物の音声だからだ」に誤帰属させるかどうかを明らかにすることであった。標的人物の音声に対する「標的人物の音声と同じ人物のものだと思う程度」

第 5 章　話者同一性評定の判断過程は処理流暢性に影響を受けるか　111

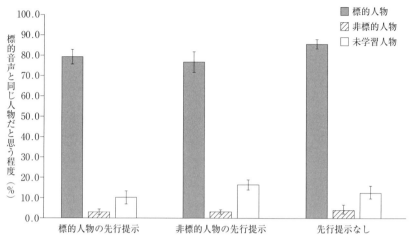

Figure 5-2
各群におけるテスト時の各音声刺激に対する「標的人物の音声と同じ人物のものだと思う程度」の全10試行の平均値（各群とも $n=16$）
注）エラーバーは標準誤差を示す。Appendix 5-1 に正確な数値を示す。

の評定値は，高いほどより正確な話者同一性評定ができていることを表す。非標的人物の音声および未学習人物の音声に対する「標的人物の音声と同じ人物のものだと思う程度」の評定値は，低いほどより正確な話者同一性評定ができていることを表す。なお，以降の分析では，Mauchly の球面性検定により球面性の仮定を満たさないときは，Greenhouse-Geisser の ε により自由度の調整を行った。

　3（テスト刺激の先行提示；参加者間要因）×3（テスト時の音声刺激；参加者内要因）の 2 要因分散分析を行った結果，「テスト時の音声刺激」の主効果は有意である一方（$F(1.5, 66.2) = 606.48$, $p < .001$, $\eta_p^2 = .93$），「テスト刺激の先行提示」の主効果，交互作用は有意ではなかった（順に，$F(2, 45) = 0.91$, $p = .41$, $\eta_p^2 = .04$; $F(2.9, 66.2) = 1.32$, $p = .27$, $\eta_p^2 = .06$）。「テスト時の音声刺激」の主効果が有意であったため，Holm 法による多重比較を行ったところ，標的人物の音声（$M = 80.3$）が，非標的人物の音声（$M = 3.4$）および未学習人物の音声

（$M=13.0$）よりも，全10試行の「標的人物の音声と同じ人物のものだと思う程度」の平均値が高かった（順に，$t(47)=31.95$，$p<.001$，$g=4.46$，95%CI[3.53, 5.39]；$t(47)=27.97$，$p<.001$，$g=3.20$，95%CI[2.51, 3.90]）。つまり，先行提示条件に関わらず，標的人物の音声に対して，ある程度は「学習時に聴いた標的人物の音声である」と判断できていることを示している。また，未学習人物の音声（$M=13.0$）のほうが，非標的人物の音声（$M=3.4$）よりも全10試行の「標的人物の音声と同じ人物のものだと思う程度」の平均値が高かった（$t(47)=3.98$，$p<.001$，$g=0.83$，95%CI[0.50, 1.15]）。すなわち，非標的人物よりも未学習人物のほうが，誤って「学習時に聴いた標的人物の音声である」と判断してしまうことを示している。先行提示セッションで提示されることがある非標的人物よりも，未学習人物の音声が誤って「学習時に聴いた標的人物の音声である」と判断されやすいのは，標的人物の音声と言語化情報が似ている音声刺激であったことが原因であると思われる。これは，本研究の実験2より，標的人物の音声を言語化すると，言語化情報が似ている音声刺激に対して誤って「学習時に聴いた標的人物の音声である」と判断してしまうという現象が部分的に反映していると思われる。言語化を求めなくても少なくとも部分的に標的人物の音声を自発的に言語化する可能性があると推測される。なお，分散分析表を Appendix 5-2 に示す。

　以上の結果から，標的人物の音声に対する「標的人物の音声と同じ人物のものだと思う程度」の全10試行の平均値，および，非標的人物の音声に対する「標的人物の音声と同じ人物のものだと思う程度」の全10試行の平均値は，テスト刺激の先行提示の3群で違いは見られなかった。よって，参加者は，先行提示セッションにおけるテスト刺激の反復提示によって高まった処理流暢性，すなわち聞き覚えを，「学習段階で聴いた標的人物の音声だからだ」に誤帰属させないことが示唆された。

テスト段階の最初の試行と最後の試行を比較した分析　「標的人物のテスト刺激の先行提示群」，「非標的人物のテスト刺激の先行提示群」，「テスト刺

第 5 章 話者同一性評定の判断過程は処理流暢性に影響を受けるか　113

激の先行提示なし群」の 3 群におけるテスト時の各音声刺激に対する「標的人物の音声と同じ人物のものだと思う程度」の評定値の 1 試行目の平均値と 10 試行目の平均値を Figure 5-3 に示す。テスト時の提示回数が 1 試行目と 10 試行目の「標的人物の音声と同じ人物のものだと思う程度」の平均値を従属変数とした分析の目的は，参加者が，話者同一性評定セッションのテスト段階中に異なるセリフのテスト刺激を繰り返し聴くことによって高まった処理流暢性，すなわち聞き覚えを，「テスト段階で繰り返し聴いたからだ」ではなく，「学習段階で聴いた標的人物の音声だからだ」ということに誤帰属させるかどうかを明らかにすることであった。標的人物の音声に対する「標的人物の音声と同じ人物のものだと思う程度」の評定値は，高いほど正確な話者同一性評定を行っていることを表す。非標的人物の音声および未学習人物の音声に対する「標的人物の音声と同じ人物のものだと思う程度」の評定値は，高いほど不正確な話者同一性評定を行っていることを表す。なお，以

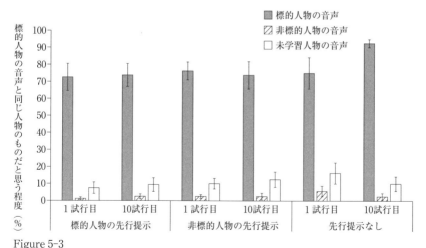

Figure 5-3
各群におけるテスト時の各音声刺激に対する「標的人物の音声と同じ人物のものだと思う程度」の 1 試行目と 10 試行目の平均値（各群とも $n=16$）
注）エラーバーは標準誤差を示す。Appendix 5-3 および Appendix 5-4 に正確な数値を示す。

降の分析では，Mauchly の球面性検定により球面性の仮定を満たさないときは，Greenhouse-Geisser の ε により自由度の調整を行い，多重比較は Holm 法を用いた。

3（テスト刺激の先行提示；参加者間要因）×3（テスト時の音声刺激；参加者内要因）×2（テスト時の提示回数；参加者内要因）の3要因分散分析を行った結果，2次の交互作用が有意であったため（$F(3.46, 77.78) = 2.73$, $p = .04$, $\eta_p^2 = .11$），単純交互作用を検討した。

まず，テスト刺激の先行提示3（標的人物，非標的人物，なし）の各条件におけるそれぞれの単純交互作用を検討するために，3（テスト時の音声刺激）×2（テスト時の提示回数）の2要因分散分析を行った。標的人物のテスト刺激の先行提示群においては，「テスト時の音声刺激」の単純主効果は有意である一方（$F(1.20, 18.00) = 77.44$, $p < .001$, $\eta_p^2 = .84$），「テスト時の提示回数」の単純主効果，単純交互作用は有意ではなかった（順に，$F(1, 15) = 0.47$, $p = .50$, $\eta_p^2 = .03$; $F(2, 30) = 0.01$, $p = .99$, $\eta_p^2 = .00$）。なお，「テスト時の音声刺激」の多重比較の結果は，標的人物の音声のほうが非標的人物の音声および未学習人物の音声よりも，また，未学習人物の音声のほうが非標的人物の音声よりも「標的人物の音声と同じ人物のものだと思う程度」の平均値が高かった（標的人物の音声＞未学習人物の音声＞非標的人物の音声）。同様に，非標的人物のテスト刺激の先行提示群においても，「テスト時の音声刺激」の単純主効果は有意である一方（$F(2, 30) = 119.96$, $p < .001$, $\eta_p^2 = .89$），「テスト時の提示回数」の単純主効果，単純交互作用は有意ではなかった（順に，$F(1, 15) = 0.00$, $p = 1.00$, $\eta_p^2 = .00$; $F(2, 30) = 0.27$, $p = .77$, $\eta_p^2 = .02$）。なお，「テスト時の音声刺激」の多重比較の結果は，標的人物の音声のほうが非標的人物の音声および未学習人物の音声よりも，また，未学習人物の音声のほうが非標的人物の音声よりも「標的人物の音声と同じ人物のものだと思う程度」の平均値が高かった（標的人物の音声＞未学習人物の音声＞非標的人物の音声）。

対して，テスト刺激の先行提示なし群においては，「テスト時の提示回数」

の単純主効果は有意ではない一方（$F(1, 15) = 0.28$, $p = .61$, $\eta_p^2 = .02$），「テスト時の音声刺激」の単純主効果，単純交互作用は有意であった（順に，$F(2, 30) = 134.50$, $p < .001$, $\eta_p^2 = .90$; $F(2, 30) = 4.58$, $p = .02$, $\eta_p^2 = .23$）。テスト刺激の先行提示なし群における，3（テスト時の音声刺激）×2（テスト時の提示回数）の単純交互作用が有意であったため，単純・単純主効果を検討した。まず，テスト刺激の先行提示なし群の，テスト時の音声刺激3（標的人物，非標的人物，未学習人物）の各条件におけるテスト時の提示回数2（1試行目，10試行目）の単純・単純主効果を検討するために1要因分散分析を行った。テスト時の標的人物の音声条件においては，「テスト時の提示回数」の単純・単純主効果は有意傾向であり（$F(1, 15) = 3.24$, $p = .09$, $\eta_p^2 = .18$），10試行目（$M = 92.5$）のほうが，1試行目（$M = 75.0$）よりも，標的人物の音声に対する「標的人物の音声と同じ人物のものだと思う程度」の平均値が高かった（10試行目＞1試行目）。対して，テスト時の非標的人物の音声条件においては，「テスト時の提示回数」の単純・単純主効果は有意ではなかった（$F(1, 15) = 1.34$, $p = .26$, $\eta_p^2 = .08$）。また，テスト時の未学習人物の音声条件においても，「テスト時の提示回数」の単純・単純主効果は有意ではなかった（$F(1, 15) = 0.77$, $p = .39$, $\eta_p^2 = .05$）。

よって，テスト刺激の先行提示がない場合において，標的人物の音声に対する「標的人物の音声と同じ人物のものだと思う程度」の平均値にのみ，有意傾向ではあるが，最後の試行のほうが最初の試行よりも「標的人物の音声と同じ人物のものだと思う程度」の平均値が高いという結果になった。このことから，テスト刺激を先行して聴いていない場合に，参加者が，話者同一性評定セッションのテスト段階中に異なるセリフのテスト刺激を繰り返し聴くことによって高まった処理流暢性，すなわち聞き覚えを，「テスト段階で繰り返し聴いたからだ」ではなく，「学習段階で聴いた標的人物の音声だからだ」ということに誤帰属させる可能性が示された。別の言い方をすると，テスト刺激を先行して聴いている場合は，話者同一性評定セッションのテス

ト段階中に異なるセリフのテスト刺激を繰り返し聴くことによって高まった処理流暢性，すなわち聞き覚えを，「学習段階で聴いた標的人物の音声だからだ」という誤帰属を回避できている可能性があるともいえる。これはおそらく，テスト刺激を先行して聴くことによって処理流暢性が生じていること，つまり，誤帰属しかねない状況に気づき，処理流暢性に依存して回答することは危険と判断し，学習エピソードの回想過程により依存しようとするからではないだろうか。

　次に，テスト刺激の先行提示なし群の，テスト時の提示回数2（1試行目，10試行目）の各条件におけるテスト時の音声刺激3（標的人物，非標的人物，未学習人物）の単純・単純主効果を検討するために1要因分散分析を行った。テスト時の提示回数の1試行目条件においては，「テスト時の音声刺激」の単純・単純主効果は有意であった（$F_{(2, 30)} = 37.96$, $p < .001$, $\eta_p^2 = .72$）。なお，「テスト時の音声刺激」の多重比較の結果は，標的人物の音声のほうが非標的人物の音声および未学習人物の音声よりも「標的人物の音声と同じ人物のものだと思う程度」の平均値が高かった。しかし，非標的人物の音声と未学習人物の音声の「標的人物の音声と同じ人物のものだと思う程度」の平均値は同程度であった（以上をまとめると，標的人物の音声＞未学習人物の音声≒非標的人物の音声であった）。テスト時の提示回数の10試行目条件においては，「テスト時の音声刺激」の単純・単純主効果は有意であった（$F_{(2, 30)} = 256.50$, $p < .001$, $\eta_p^2 = .95$）。なお，「テスト時の音声刺激」の多重比較の結果は，標的人物の音声のほうが非標的人物の音声および未学習人物の音声よりも「標的人物の音声と同じ人物のものだと思う程度」の平均値が高かった。また，有意傾向ではあるが，未学習人物の音声のほうが非標的人物の音声よりも「標的人物の音声と同じ人物のものだと思う程度」の平均値が高かった（標的人物の音声＞未学習人物の音声≧非標的人物の音声）。

　次に，テスト時の音声刺激3（標的人物，非標的人物，未学習人物）の各条件におけるそれぞれの単純交互作用を検討するために，3（テスト刺激の先行提

示）×2（テスト時の提示回数）の2要因分散分析を行ったが，いずれも同様の
パターンが示された。具体的には次の通りである。テスト時の標的人物の音
声条件においては，「テスト刺激の先行提示」の単純主効果，「テスト時の提
示回数」の単純主効果，単純交互作用は有意ではなかった（順に，$F(2, 45) =$
0.89, $p = .42$, $\eta_p^2 = .04$; $F(1, 45) = 1.58$, $p = .22$, $\eta_p^2 = .03$; $F(2, 45) = 2.03$, $p = .14$,
$\eta_p^2 = .08$）。同様に，テスト時の非標的人物の音声条件においても，「テスト刺
激の先行提示」の単純主効果，「テスト時の提示回数」の単純主効果，単純
交互作用は有意ではなかった（順に，$F(2, 45) = 0.47$, $p = .63$, $\eta_p^2 = .02$; $F(1,$
$45) = 0.34$, $p = .57$, $\eta_p^2 = .01$; $F(2, 45) = 1.45$, $p = .25$, $\eta_p^2 = .06$）。また，テスト
時の未学習人物の音声条件においても，「テスト刺激の先行提示」の単純主
効果，「テスト時の提示回数」の単純主効果，単純交互作用は有意ではなか
った（順に，$F(2, 45) = 0.46$, $p = .64$, $\eta_p^2 = .02$; $F(1, 45) = 0.04$, $p = .84$, $\eta_p^2 = .00$;
$F(2, 45) = 0.80$, $p = .46$, $\eta_p^2 = .03$）。

　最後に，テスト時の提示回数2（1試行目，10試行目）の各条件におけるそ
れぞれの単純交互作用を検討するために，3（テスト刺激の先行提示）×3（テス
ト時の音声刺激）の2要因分散分析を行った。テスト時の提示回数の1試行
目条件においては，「テスト時の音声刺激」の単純主効果は有意である一方
（$F(1.44, 64.56) = 182.38$, $p < .001$, $\eta_p^2 = .80$），「テスト刺激の先行提示」の単純
主効果，単純交互作用は有意ではなかった（順に，$F(2, 45) = 0.56$, $p = .58$, η_p^2
$= .02$; $F(2.87, 64.56) = 0.17$, $p = .91$, $\eta_p^2 = .01$）。なお，「テスト時の音声刺激」
の多重比較の結果は，標的人物の音声のほうが非標的人物の音声および未学
習人物の音声よりも「標的人物の音声と同じ人物のものだと思う程度」の平
均値が高かった。また，有意傾向ではあるが，未学習人物の音声のほうが非
標的人物の音声よりも「標的人物の音声と同じ人物のものだと思う程度」の
平均値が高かった（標的人物の音声＞未学習人物の音声≧非標的人物の音声）。

　同様に，テスト時の提示回数の10試行目条件においても，「テスト時の音
声刺激」の単純主効果は有意である一方（$F(1.61, 72.27) = 289.33$, $p < .001$,

$\eta_p^2 = .87$),「テスト刺激の先行提示」の単純主効果は有意ではなかった($F(2, 45) = 1.64$, $p = .21$, $\eta_p^2 = .07$)。ただし,単純交互作用は有意傾向であることから($F(3.21, 72.27) = 2.23$, $p = .09$, $\eta_p^2 = .09$),仮説を厳密に検証するために(桐木, 1990),単純・単純主効果を検討した。具体的には,参加者が,話者同一性評定セッションのテスト段階中に異なるセリフのテスト刺激を繰り返し聴くことによって高まった処理流暢性,すなわち聞き覚えを,「テスト段階で繰り返し聴いたからだ」ではなく,「学習段階で聴いた標的人物の音声だからだ」ということに誤帰属させるかどうかが,テスト刺激を先行して聴くか聴かないかによって違いがあるのかを検討した。

まず,テスト時の提示回数の10試行目条件の,テスト刺激の先行提示3(標的人物,非標的人物,なし)の各条件におけるテスト時の音声刺激3(標的人物,非標的人物,未学習人物)の単純・単純主効果を検討するために1要因分散分析を行った。標的人物のテスト刺激の先行提示群においては,「テスト時の音声刺激」の単純・単純主効果は有意であった($F(1.46, 21.95) = 76.40$, $p < .001$, $\eta_p^2 = .84$)。なお,「テスト時の音声刺激」の多重比較の結果は,標的人物の音声のほうが非標的人物の音声および未学習人物の音声よりも「標的人物の音声と同じ人物のものだと思う程度」の平均値が高かった。しかし,非標的人物の音声と未学習人物の音声の「標的人物の音声と同じ人物のものだと思う程度」の平均値は同程度であった(標的人物の音声>未学習人物の音声≒非標的人物の音声)。同様に,非標的人物のテスト刺激の先行提示群においても,「テスト時の音声刺激」の単純・単純主効果は有意であった($F(2, 30) = 56.17$, $p < .001$, $\eta_p^2 = .79$)。なお,「テスト時の音声刺激」の多重比較の結果は,標的人物の音声のほうが非標的人物の音声および未学習人物の音声よりも「標的人物の音声と同じ人物のものだと思う程度」の平均値が高かった。また,有意傾向ではあるが,未学習人物の音声のほうが非標的人物の音声よりも「標的人物の音声と同じ人物のものだと思う程度」の平均値が高かった(標的人物の音声>未学習人物の音声≧非標的人物の音声)。また,テスト刺

激の先行提示なし群においても，「テスト時の音声刺激」の単純・単純主効果は有意であった（$F_{(2, 30)} = 256.50$, $p < .001$, $\eta_p^2 = .95$）。なお，「テスト時の音声刺激」の多重比較の結果は，標的人物の音声のほうが非標的人物の音声および未学習人物の音声よりも「標的人物の音声と同じ人物のものだと思う程度」の平均値が高かった。また，有意傾向ではあるが，未学習人物の音声のほうが非標的人物の音声よりも「標的人物の音声と同じ人物のものだと思う程度」の平均値が高かった（標的人物の音声＞未学習人物の音声≧非標的人物の音声）。

　次に，テスト時の提示回数の10試行目条件の，テスト時の音声刺激3（標的人物，非標的人物，未学習人物）の各条件におけるテスト刺激の先行提示3（標的人物，非標的人物，なし）の単純・単純主効果を検討するために1要因分散分析を行った。テスト時の標的人物の音声条件においては，Levene 検定においてデータが等分散性を有しないことが確認されたため（$F_{(2, 45)} = 4.46$, $p = .02$），Welch により等質性の補正を行ったところ，「テスト刺激の先行提示」の単純・単純主効果は有意であった（$F_{(2.00, 23.48)} = 5.37$, $p = .01$, $\eta_p^2 = .12$）。そこで，Games-Howell 法による多重比較を行ったところ，標的人物のテスト刺激の先行提示群（$M = 73.8$）と非標的人物のテスト刺激の先行提示群（$M = 73.8$）の間には有意差はないが（$t_{(29.10)} = 0.00$, $p = 1.00$, $g = .00$, 95%CI[-0.70, 0.70]），一方で，テスト刺激の先行提示なし群（$M = 92.5$）が，標的人物のテスト刺激の先行提示群（$M = 73.8$）および非標的人物のテスト刺激の先行提示群（$M = 73.8$）よりも「標的人物の音声と同じ人物のものだと思う程度」が高かった（順に，$t_{(18.57)} = 2.64$, $p = .04$, $g = .91$, 95%CI[0.17, 1.65]；$t_{(17.52)} = 2.25$, $p = .09$, $g = .78$, 95%CI[0.05, 1.51]）。ただし，テスト刺激の先行提示なし群と非標的人物のテスト刺激の先行提示群の差は有意傾向であった（テスト刺激の先行提示なし群≧標的人物のテスト刺激の先行提示群≒非標的人物のテスト刺激の先行提示群）。一方で，テスト時の非標的人物の音声条件においては，「テスト刺激の先行提示」の単純・単純主効果は有意ではな

かった（$F(2, 45) = 0.00$, $p = 1.00$, $\eta_p^2 = .00$）。同様に，テスト時の未学習人物の音声条件においても，「テスト刺激の先行提示」の単純・単純主効果は有意ではなかった（$F(2, 45) = 0.15$, $p = .86$, $\eta_p^2 = .01$）。なお，分散分析表を Appendix 5-5 に示す。

　よって，標的人物の音声条件においてのみ，テスト刺激の先行提示なし群が，標的人物のテスト刺激の先行提示群および非標的人物のテスト刺激の先行提示群よりも「標的人物の音声と同じ人物のものだと思う程度」が高いという結果になった。つまり，先行提示手続きの有無に違いが見られたことになる。このことから，標的人物のテスト刺激の先行提示群および非標的人物のテスト刺激の先行提示群の参加者は，標的人物の音声あるいは非標的人物の音声に対して処理流暢性に基づく熟知性を感じたが，その熟知性のソース，つまり，その聞き覚えは先行提示セッションでテスト刺激を聴いたことによるものかもしれないと気づくことで，むしろ，その熟知度の高まりを「標的人物の音声と同じ人物のものだと思う程度」の評定の基準として用いることを避けようとすることで，テスト段階中に異なるセリフの標的人物の音声を繰り返し聴くことにより高まった標的人物の音声の熟知度も評定の基準から除外した可能性がある。一方，テスト刺激の先行提示なし群の参加者は，先行提示セッションでテスト刺激を聴いていないため，高まった標的人物の音声に対する熟知度が誤帰属を起こす危険性に気づきにくかったと思われる。そのため，テスト段階中に異なるセリフの標的人物の音声を繰り返し聴くことにより高まった標的人物の音声の熟知度を「標的人物の音声と同じ人物のものだと思う程度」の評定の基準から外す必要性を感じにくかったのだろう。その結果，テスト刺激を先行して聴いていない場合にのみ，参加者は，話者同一性評定セッションのテスト段階中に異なるセリフのテスト刺激を繰り返し聴くことによって高まった処理流暢性，すなわち聞き覚えを，「テスト段階で繰り返し聴いたからだ」ではなく，「学習段階で聴いた標的人物の音声だからだ」ということに誤帰属させたのではないだろうか。

全10試行の平均値を対象にした分析と最初の試行および最後の試行を比較した分析の結果の違い　以上の結果をまとめると，参加者は，先行提示セッションにおけるテスト刺激の反復提示によって高まった処理流暢性，すなわち聞き覚えを，「学習段階で聴いた標的人物の音声だからだ」に誤帰属させない一方で，話者同一性評定セッションのテスト段階中に異なるセリフの標的人物の音声を繰り返し聴くことによって高まった処理流暢性，すなわち聞き覚えを，「学習段階で聴いた標的人物の音声だからだ」ということに誤帰属させることが示唆された。最初の試行および最後の試行の結果で見られた違いが全10試行の平均値で現れなかったのは，Figure 6-3より，5試行目までは標的人物の音声に対する「標的人物の音声と同じ人物のものだと思う程度」の評定値が上がったり下がったりを繰り返していることが原因であると思われる。つまり，「標的人物の音声と同じ人物のものだと思う程度」の評定値に処理流暢性が誤帰属するのは，テスト試行をある程度は繰り返す必要があるのではないだろうか。

　以上のことから，標的人物のテスト刺激の先行提示群および非標的人物のテスト刺激の先行提示群は，先行提示された音声に対してテスト時に聞き覚えを感じたが，その聞き覚えは学習段階で聴いたことによるのではなく，先行提示セッションでテスト刺激を聴いたことによるものかもしれないと気づいたために，誤帰属を避けようとして聞き覚えに頼らず，学習エピソードの回想過程に依存しようとしたと考えられる。そこで，実験4では，テスト刺激の先行提示なし群と有意に違いがあった，標的人物のテスト刺激の先行提示群を対象に，「学習エピソード」の回想過程の利用可能性を高めると思われる操作を加えることで，標的人物の音声に対してより正確に「学習時に聴いた標的人物の音声だ」と判断しやすくなるかどうかを検討する。そこで，これまでに行われた話者同定パラダイムにおける学習方略の効果について概説する。

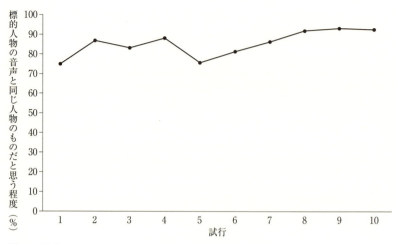

Figure 5-4 テスト刺激の先行提示なし群における各試行の標的人物の音声に対する「標的人物の音声と同じ人物のものだと思う程度」の平均値

第4節　話者同定パラダイムにおける学習方略の効果

　ここでは，方向づけ課題と対連合学習について概説する。方向づけ課題は，Clifford（1980）およびWinograd et al.（1984）により検討されており，方向づけ課題は話者同定成績に影響がないとされている。また，対連合学習は，Armstrong & McKelvie（1996）およびCook & Wilding（2001）により検討されているが，話者同定成績に影響があるかどうかについては一致していない。なお，対連合学習は，顔との対連合学習が検討されている。

　方向づけ課題　まず，Clifford（1980）の実験では，学習段階で標的人物の音声を提示する際に，ある参加者には標的人物の性別を判断すること，別の参加者には標的人物の年齢を判断すること，また，別の参加者には標的人物の温かさを判断すること，さらに別の参加者には標的人物の音声が誰かを思い出させるかどうかを判断することを求めた。つまり，全部で4つの方向づ

け課題があった。次に，Winograd et al. (1984) の実験では，学習段階で標的人物の音声を提示する際に，ある参加者には標的人物の音声の高さの程度を5段階で評定すること，別の参加者には標的人物の音声からどの程度の快感情を抱いたかを5段階で評定することを求めた。また，統制群として，別の参加者には標的人物の音声について評価するように何も求めなかった。つまり，全部で2つの方向づけ課題を統制条件と比較した。なお，Clifford (1980) の実験は学習意図がない偶発学習で行われた一方で，Winograd et al. (1984) の実験は意図学習で行われた。そして，Clifford (1980) および Winograd et al. (1984) の実験の結果，いずれにおいても方向づけ課題は話者同定成績に影響がなかった。ところが，Clifford (1980) および Winograd et al. (1984) の実験方法にはいくつかの問題点がある。まず，Clifford (1980) は，方向づけ課題の回答手続きに諾否判断を採用したために，参加者がそれぞれの課題に対して後にエピソードとして思い出せるような分析的な判断をせず，単に直感的に判断していた可能性がある。もしそうならば，標的人物の音声に対する精緻化が不十分であったことから，学習エピソードの回想過程の利用可能性を高めなかった可能性がある。方向づけ課題を行わない統制群を設けていないことから，Clifford (1980) の実験における方向づけ課題がそもそも学習エピソードの回想過程の利用可能性を高めていたかどうかも確認ができない点も問題といえる。次に，Winograd et al. (1984) の方向づけ課題においても，学習エピソードの回想過程の利用可能性を高めなかった可能性がある。というのも，Winograd et al. (1984) は音声刺激のセリフが学習段階と話者同定テスト段階とで同一の条件と異なる条件を設けた。このとき，学習段階とテスト段階でセリフが異なる条件では，相対的に処理の流暢性は低く，学習エピソードの回想過程に依存しやすい状況にあったと考えられるが，音声刺激のセリフが学習段階と話者同定テスト段階とで同一の条件でも異なる条件でも同じように，方向づけ課題の種類あるいは方向づけ課題の有無によって話者同定成績に違いがなかった。回想過程への依存が高くて

も低くても成績に違いが見られなかったことから，Winograd et al.（1984）
のいずれの方向づけ課題も標的人物の音声に対する精緻化が不十分であった
可能性がある。さらに別の観点からも問題点を指摘できる。Clifford（1980）
および Winograd et al.（1984）の実験では，標的人物が複数人いたため，単
に聞き覚えに基づく話者同定判断をすることはできず，話者同士の弁別が求
められることから，学習エピソードの回想過程に依存しているはずである。
ところが，方向づけ課題によって話者同定成績に違いが見られなかったこと
から，方向づけ課題の設定の仕方自体が妥当性を欠いていた可能性も指摘で
きる。以上述べてきた通り，話者同定成績に及ぼす精緻化の効果の有無を検
討する上で，Clifford（1980）が用いた諾否判断による回答手続き，Wino-
grad et al.（1984）が用いた声の高さに注目させる課題，といった方向づけ
課題が十分精緻化を促すものではなかったために，精緻化の効果の違いも見
られなかった可能性がある。従って，より精緻化を促すと思われる方向づけ
課題を用いて，話者同定成績に精緻化の効果があるのかどうかを再度検討す
る必要があると思われる。

　顔との対連合学習　顔との対連合学習は，学習段階で標的人物の音声を提
示する際に，同時に，標的人物の顔も提示するという手続きで実験が行われ
る。Armstrong & McKelvie（1996）は，顔との対連合学習は，話者同定成
績に影響がないことを報告した一方で，Cook & Wilding（1997, 2001）は，顔
との対連合学習により，話者同定成績が下がることを報告した。Cook &
Wilding（1997, 2001）が報告した現象は顔隠蔽効果と呼ばれており（face
overshadowing; Cook & Wilding, 1997），学習段階で標的人物の音声とともに，
顔が提示されることで標的人物の音声が記憶されにくくなるというものであ
る。Cook & Wilding（2001）は，顔隠蔽効果が起きるのは，学習時に，音声
ではなく顔に注意が向いてしまうためであると説明している。つまり，顔と
の対連合学習により，標的人物の音声の学習エピソードを効果的に符号化す
るどころか，その符号化を妨げる形になっていることが考えられる。なお，

Armstrong & McKelvie（1996）の実験で顔隠蔽効果が見られなかったのは，学習段階の標的人物の音声の提示時間は 5 分間と， 1 回の提示時間は長かったためであると推察される。すなわち，Armstrong & McKelvie（1996）の実験のように，学習段階の標的人物の音声の提示時間が十分に長ければ，顔隠蔽効果は消失すると思われる。ただし，既知話者のように，顔を見ればその声を再現できるほどに，顔と声が強く結びついていない限り，顔提示により，話者同定成績が促進されることは考えにくい。

ここまでのまとめ　方向づけ課題においては，Clifford（1980）および Winograd et al.（1984）の実験では，学習エピソードの効果的な符号化を促すような課題内容になっていなかったことが推察されるため，まだ検討の余地があると思われる。また，対連合学習は，標的人物の音声の学習エピソードを効果的に符号化することを妨げないような，他の情報を付与することで，学習エピソードを豊富にすることは検討する価値はあるかもしれない。また，方向づけ課題を検討した Winograd et al.（1984）によると，音声は統合された情報であり，音声を細かく分解できないとされている。そのため，音声をそのまま再符号化する必要があるのではないか。

これらのことから，実験 4 では，「学習エピソード」の回想過程の利用可能性を高めるために，「学習エピソード」の精緻化を促す。その方法としては，イメージ化方略と自己関連づけを用いる。未知話者の同定判断では，学習時に聴いた標的人物の音声とテスト刺激が似ているか異なるかを判断するために，聴覚の基本的なパラメータ（例えば，声の高さ）を照合することが行われている可能性があることから，標的人物の音声の聴覚の基本的なパラメータを，参加者がすでに持っている既有知識と関連づけることで，「学習エピソード」の回想過程の利用可能性が高まるのではないかと思われる。すなわち，話者同一性評定セッションの学習段階で，標的人物の音声に似た音声をもつ人物を，身近な人物の中から選び，その人が話しているかのようにイメージしてもらうことで，標的人物の音声と，参加者が持つ音声に関する既

有知識の関連づけをより効果的に促すことができると考えられる。

第5節　実験4

目　的

実験3の結果から，標的人物のテスト刺激の先行提示群および非標的人物のテスト刺激の先行提示群は，先行して標的人物のテスト刺激を聴くことによって高まる熟知度のせいで起き得る誤帰属を避け，むしろ，学習エピソードの回想過程に依存しようとするのではないかと解釈した。つまり，話者同定の課題遂行にとって学習エピソードの回想過程がより重要であることを示すのではないだろうか。この解釈が妥当か否かを検証するために，テスト刺激の先行提示なし群と有意に違いがあった，標的人物のテスト刺激の先行提示群を対象に，「学習エピソード」の回想過程の利用可能性を高めると思われる操作を加えることによって，標的人物の音声に対してより正確に「学習時に聴いた標的人物の音声だ」と判断しやすくなるかどうかを検討する。本実験では，「学習エピソード」の回想過程の利用可能性を高めると思われる操作として，学習時に標的人物の音声に対して精緻化を促す。つまり，(a)学習時に方向づけ課題に取り組む場合，(b)学習時に方向づけ課題に取り組まない場合の2つの条件を比較することで，「学習エピソード」の回想過程の利用可能性を操作する。(a)では，話者同一性評定セッションの学習段階で，標的人物の音声に似た音声をもつ人物を，自己に関連する身近な人物の中から選び，その人が話しているかのようにイメージすることで，「学習エピソード」の回想過程の利用可能性を高める。すなわち，参加者に自己関連イメージ化処理に取り組むように求める。そして，(b)では，話者同一性評定セッションの学習段階で標的人物の音声をただ聴くだけで，音声の精緻化は促さないことで，標的人物の音声の「学習エピソード」の回想過程の利用可能性を高めず，ベースラインとして(a)と比較する。なお，(b)については，実験3の「標的人物のテスト刺激の先行提示」群のデータを用いた。

本実験の具体的な仮説は次の通りである。話者同定の課題遂行にとって学習エピソードの回想過程がより重要なのであれば，(a)「学習時に自己関連イメージ化処理をする群」が(b)「学習時に自己関連イメージ化処理をしない群」よりも，標的人物の音声に対する「標的人物の音声と同じ人物のものだと思う程度」の全10試行の平均値が高くなることが予想される。

方　法

デザイン　実験は，学習時の方向づけ課題2（自己関連イメージ化処理／なし；参加者間）×テスト時の音声刺激3（標的人物／非標的人物／未学習人物；参加者内）の2要因混合計画で，個別に行った。なお，実験4の「学習時に自己関連イメージ化処理をしない群」には，実験3の「標的人物のテスト刺激の先行提示群」のデータを用いた。従属変数は，「標的人物の音声と同じ人物のものだと思う程度」の評定値であった。本実験は，法政大学文学部心理学科・心理学専攻倫理委員会による承認を得た（23-0002）。

サンプルサイズ設計と参加者　適切なサンプルサイズを設定するために，交互作用を検出することを想定した検定力分析を行った。G*Power3.1.9.6（Faul et al., 2007; Faul et al., 2009）による事前効果量（$\eta_p^2 = .06$, α level = .05, power of $1-\beta = .80$）に基づいて算出した結果，サンプルサイズは1つの群につき12名ずつ（総計24名）であった。しかし，実験3と同様に，音声刺激の提示順序は，先行提示セッションで4通り，話者同一性評定セッションのテスト段階で2通り設けることから，各群の参加者数は8の倍数である必要があるため，サンプルサイズは1つの群につき16名ずつ（総計32名）となった。なお，本実験と同様の検討を行った先行研究がなく，効果量が予測できなかったため，Cohen（2013）に基づいて中程度の効果量（$\eta_p^2 = .06$）を設定した。参加者は，聴覚に困難がない大学生33名であった（男性8名，女性25名；18-22歳）。

装置　実験3と同様であった。

刺激 実験3の「標的人物のテスト刺激の先行提示群」と同様であった。

言葉の親密度評定 実験3と同様であった。

イメージの鮮明度 話者同一性評定セッションの学習段階では，標的人物の音声に似た音声を持つ身近な人物が思い浮かんだ時点で，聴こえてきた音声に合わせて，その人物が実際に話しているようなイメージを，その人物の表情や仕草なども含め，音声の再生が終了するまで続けるように求めた。そして，Marks (1973) の視覚的イメージの鮮明性の質問紙 (the Vividness of Visual Imagery Questionnaires; VVIQ) を用いて，どのくらいイメージできたかを回答するように求めた。回答は，「完全にハッキリとしていて，実物を見ているようである (5)」，「かなりハッキリしているが，実物を見ているほどではない (4)」，「ハッキリした程度は中くらいである (3)」，「ボンヤリしていて，微かである (2)」，「全くイメージが浮かばないで，ただ言われたことについて自分が考えているということが，わかっている，だけである (1)」のいずれか当てはまる数字1つを選択するように求めた (5件法)。

手続き 話者同一性評定セッションの学習段階を除いて，実験3の「標的人物のテスト刺激の先行提示」群と同様の手続きによって実施された。なお，「学習時に自己関連イメージ化処理をしない群」のデータは，実験3の「標的人物のテスト刺激の先行提示群」のデータを流用した。そのため，「学習時に自己関連イメージ化処理をしない群」の具体的な手続きについては実験3の手続きを参照されたい。「学習時に自己関連イメージ化処理をする群」の具体的な手続きについては以下の通りである。

話者同一性評定セッションの学習段階として，約1分間のオレオレ詐欺を模した標的人物の音声を提示した。その際，学習時に自己関連イメージ化処理をする群については，「これから，1人の人物の音声で約1分間の会話を流します。あなたは，これから流す音声と，似た音声を持つ人物を，誰か一人，思い浮かべてください。有名人ではなく，あなたの直接の知り合いのなかで似た音声を持つ人物を思い浮かべてください。すぐに思い浮かばないと

きは，あなたの直接の知り合いのなかで最も似た音声を持つ人物を思い浮かべるように努力してください。人物が思い浮かんだ時点で，聴こえてきた音声に合わせて，その人物が実際に話しているようなイメージを，その人物の表情や仕草なども含め，音声の再生が終了するまで続けてください。後ほど，思い浮かべた人物について，こちらの用紙に，氏名（イニシャル可），あなたとの関係性，どのくらいイメージできたかを答えてもらいます」と書面および口頭で教示し，学習時に自己関連イメージ化処理をしない群と同様に，選択的に音声の特徴や印象などを符号化させないために，後にどのようなテストがあるかは伝えないようにした。そして，標的人物の音声を提示した後に，参加者には，思い浮かべた人物の氏名（イニシャル可），参加者との関係性，その人物が実際に話しているようなイメージを，その人物の表情や仕草なども含め，どのくらいイメージできたかについて回答するように求めた。その後は，挿入課題として2つの課題にそれぞれ3分間取り組むように求めるなど，実験3と同様の手続きが続いた。

結果と考察

　以下，分析ごとに結果と考察を記す。なお，学習時に自己関連イメージ化処理をする群に16名を割り当てたが，似た人物が思い浮かばなかった1名のデータを除外し，別の参加者1名を追加したため，各群16名ずつの計32名を分析対象とした。先述の通り，実験4の「学習時に自己関連イメージ化処理をしない群」については，実験3の「標的人物のテスト刺激の先行提示群」のデータを用いた。各群の内訳は，「学習時に自己関連イメージ化処理をする群」（男性2名，女性14名；18-22歳），「学習時に自己関連イメージ化処理をしない群」（男性6名，女性10名；18-21歳）であった。

　全10試行の平均値を対象にした分析　「学習時に自己関連イメージ化処理をする群」，「学習時に自己関連イメージ化処理をしない群」の2群におけるテスト時の各音声刺激に対する「標的人物の音声と同じ人物のものだと思う

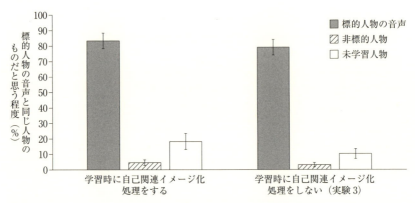

Figure 5-5
標的人物のテスト刺激の先行提示群における各群のテスト時の各音声刺激に対する「標的人物の音声と同じ人物のものだと思う程度」の全10試行の平均値
注) エラーバーは標準誤差を示す。Appendix 5-6 に正確な数値を示す。

程度」の評定値の全10試行の平均値を Figure 5-5 に示す。全10試行の「標的人物の音声と同じ人物のものだと思う程度」の平均値を従属変数とした分析の目的は，「学習時に自己関連イメージ化処理をする群」と「学習時に自己関連イメージ化処理をしない群」における標的人物に対する「標的人物だと思う程度」の評定値を比較することで，「学習エピソード」の回想過程の利用可能性を高めると思われる操作を加えることによって，標的人物の音声に対してより正確に「学習時に聴いた標的人物の音声だ」と判断しやすくなるかどうかを明らかにすることであった。標的人物の音声に対する「標的人物の音声と同じ人物のものだと思う程度」の評定値は，高いほど正確な話者同一性評定を行っていることを表す。非標的人物の音声および未学習人物の音声に対する「標的人物の音声と同じ人物のものだと思う程度」の評定値は，高いほど不正確な話者同一性評定を行っていることを表す。なお，以降の分析では，Mauchly の球面性検定により球面性の仮定を満たさないときは，Greenhouse-Geisser の ε により自由度の調整を行った。

2 (学習時の方向づけ課題；参加者間要因) ×3 (テスト時の音声刺激；参加者内要

因）の 2 要因分散分析を行った結果，「テスト時の音声刺激」の主効果は有意である一方（$F(1.61, 48.22) = 341.27$, $p < .001$, $\eta_p^2 = .92$），「学習時の方向づけ課題」の主効果，交互作用は有意ではなかった（順に，$F(1, 30) = 1.82$, $p = .19$, $\eta_p^2 = .06$; $F(1.61, 48.22) = 0.52$, $p = .56$, $\eta_p^2 = .02$）。「テスト時の音声刺激」の主効果が有意であったため，Holm 法による多重比較を行ったところ，標的人物の音声（$M = 81.2$）が，非標的人物の音声（$M = 3.8$）および未学習人物の音声（$M = 14.2$）よりも，全10試行の「標的人物の音声と同じ人物のものだと思う程度」の平均値が高かった（順に，$t(31) = 24.07$, $p < .001$, $g = 4.59$, 95%CI[3.42, 5.76]; $t(31) = 20.83$, $p < .001$, $g = 2.99$, 95%CI[2.18, 3.79]）。これは，標的人物の音声に対して，ある程度は「学習時に聴いた標的人物の音声である」と判断できていることを示している。また，未学習人物の音声（$M = 14.2$）の方が，非標的人物の音声（$M = 3.8$）よりも全10試行の「標的人物の音声と同じ人物のものだと思う程度」の平均値が高かった（$t(31) = 3.24$, $p = .002$, $g = 0.67$, 95%CI[0.29, 1.06]）。これは，非標的人物よりも未学習人物のほうが，誤って「学習時に聴いた標的人物の音声である」と判断してしまうことを示している。よって，このことが示しているのは，実験 3 と同様に，言語化を求めなくても少なくとも部分的に標的人物の音声を言語化しており，すなわち，標的人物の音声を言語化すると，標的人物の音声と言語化情報が似ている音声に対して誤って「学習時に聴いた標的人物の音声である」と判断してしまうという現象が部分的に反映していると考えられる。なお，分散分析表を Appendix 5-7 に示す。

　以上の結果から，標的人物の音声に対する「標的人物の音声と同じ人物のものだと思う程度」の全10試行の平均値は，学習時に自己関連イメージ化処理をするかどうかの 2 群で違いは見られなかった。つまり，「学習エピソード」の回想過程の利用可能性を操作的に高めても，話者同一性評定の成績には影響しないことが示唆された。ただし，精緻化の方法が話者同一性評定において効果的な符号化ではなかった可能性も考えられる。

テスト段階の最初の試行と最後の試行を比較した分析 「学習時に自己関連イメージ化処理をする群」,「学習時に自己関連イメージ化処理をしない群」の2群におけるテスト時の各音声刺激に対する「標的人物の音声と同じ人物のものだと思う程度」の評定値の1試行目の平均値と10試行目の平均値をFigure 5-6に示す。テスト時の提示回数が1試行目と10試行目の「標的人物の音声と同じ人物のものだと思う程度」の平均値を従属変数とした分析の目的は，実験3の「標的人物のテスト刺激の先行提示群」と同様の結果が得られることを追試することであった。具体的には次の通りである。実験3の「標的人物のテスト刺激の先行提示群」では,「テスト刺激の先行提示なし群」とは異なり，1試行目と10試行目で差がなかった。それは，熟知度が高まっていたとしても，その熟知性過程に基づいた判断をすることが危険であることに気づいていたからだと解釈した。実験4の「学習時に自己関連イメージ化処理をする群」も，先行提示された標的人物の音声がテスト時にも

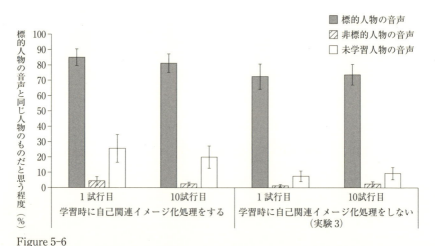

Figure 5-6
標的人物のテスト刺激の先行提示群における各群のテスト時の各音声刺激に対する「標的人物の音声と同じ人物のものだと思う程度」の1試行目と10試行目の平均値
注) エラーバーは標準誤差を示す。Appendix 5-8とAppendix 5-9に正確な数値を示す。

提示されていることに気づくことで，熟知性過程に基づいた判断をすることを避けようとすることは同様であろう。すなわち，方向づけ課題の有無に関わらず，熟知性過程に基づいた判断ではなく，学習エピソードの回想過程に基づいて判断するため，実験4の「学習時に自己関連イメージ化処理をする群」も，実験3の「標的人物のテスト刺激の先行提示群」と同様の結果が得られることを追試する。標的人物の音声に対する「標的人物の音声と同じ人物のものだと思う程度」の評定値は，高いほど正確な話者同一性評定を行っていることを表す。非標的人物の音声および未学習人物の音声に対する「標的人物の音声と同じ人物のものだと思う程度」の評定値は，高いほど不正確な話者同一性評定を行っていることを表す。なお，以降の分析では，Mauchly の球面性検定により球面性の仮定を満たさないときは，Greenhouse-Geisser の ε により自由度の調整を行い，多重比較は Holm 法を用いた。

　2（学習時の方向づけ課題；参加者間要因）×3（テスト時の音声刺激；参加者内要因）×2（テスト時の提示回数；参加者内要因）の3要因分散分析を行った結果，「テスト時の音声刺激」の主効果は有意であり（$F(1.60, 47.98) = 177.38$, $p < .001$, $\eta_p^2 = .86$），「テスト時の音声刺激」の多重比較の結果は，標的人物の音声＞未学習人物の音声＞非標的人物の音声であった（$ps < .01$）。また，「学習時の方向づけ課題」の主効果は有意傾向であることに注意が必要だが（$F(1, 30) = 4.05$, $p = .05$, $\eta_p^2 = .12$），学習時に自己関連イメージ化処理をする群のほうが学習時に自己関連イメージ化処理をしない群よりも「標的人物の音声と同じ人物のものだと思う程度」の1試行目と10試行目の平均値が高かった。そして，「テスト時の提示回数」の主効果，2（学習時の方向づけ課題）×3（テスト時の音声刺激）の1次の交互作用，2（学習時の方向づけ課題）×2（テスト時の提示回数）の1次の交互作用，3（テスト時の音声刺激）×2（テスト時の提示回数）の1次の交互作用，2次の交互作用は有意ではなかった（順に，$F(1, 30) = 0.23$, $p = .64$, $\eta_p^2 = .01$; $F(1.60, 47.98) = 1.16$, $p = .31$, $\eta_p^2 = .04$; $F(1, 30) =$

1.17, $p = .29$, $\eta_p^2 = .04$; $F(1.49, 44.60) = 0.04$, $p = .92$, $\eta_p^2 = .00$; $F(1.49, 44.60) = 0.08$, $p = .87$, $\eta_p^2 = .00$)。なお，分散分析表を Appendix 5-10 に示す。

　よって，「学習時に自己関連イメージ化処理をする群」において1試行目と10試行目で「標的人物の音声と同じ人物のものだと思う程度」の評定値の平均値に差がなかったことから，実験3の「標的人物のテスト刺激の先行提示群」と同様の結果が得られたといえる。一方で，学習時に自己関連イメージ化処理をする群のほうが学習時に自己関連イメージ化処理をしない群よりも「標的人物の音声と同じ人物のものだと思う程度」の1試行目と10試行目の平均値が高かった。つまり，どのテスト刺激に対しても，学習時に自己関連イメージ化処理をする場合のほうが，学習時に自己関連イメージ化処理をしない場合よりも，「標的人物の音声と同じ人物のものだと思う程度」の1試行目と10試行目の平均値が高いという結果になった。このような結果となった理由としては，自己関連イメージ化処理を行った参加者は，話者同一性評定セッションのテスト段階においてどのテスト刺激に対しても，同様の自己関連イメージ化処理を行いやすい状態にあったと思われる。具体的には，学習段階で自己関連イメージ化処理を行った参加者にとって，テスト時の音声を聴いた際に，それが標的人物の音声でなかったとしても，似た音声をもつ知り合いを思い浮かべやすくなっている可能性がある。ただし，学習段階で自己関連イメージ化処理を行った参加者に限らず，行っていない参加者にとっても，テスト刺激を聴いたときに知り合いの人物が自発的に思い浮かんだのであれば，学習時に聴いた標的人物に似た人物としてイメージ化した人物の音声との照合を行うことによって，話者同定課題を遂行することが可能である。この「照合」には，知り合いの視覚的なイメージだけでなく，回想過程によって想起されたそもそもの音声特徴の情報も利用されると思われるので，あくまでも意識的な判断過程であると考えられる。しかしながら，話者同定課題の遂行は，回想過程が主であったとしても，熟知性過程の影響もある程度は反映すると思われる。ここで，テスト段階において，それぞれの

テスト刺激としての音声（標的人物の音声とは限らない）に対して知り合いのイメージが流暢に頭に浮かんだとしたら，その流暢性は「声を聴いたらすぐに人物のイメージが思い浮かんだ。これは先ほど学習段階で聴いた標的人物だからだろう」という帰属のさせかたをすることにつながり得るため，少なくとも一定の割合で「標的人物の音声と同じ人物のものだと思う程度」の評定値を高めるように作用するだろう。この「音声を聴いたら知り合いが思い浮かびやすい」という処理の流暢性が，テスト段階における全てのテスト刺激に同程度に反映しているのであれば，その影響はテスト段階ではなく，学習段階の方向づけ課題によって生じたものであると考えられるだろう。

そして，テスト段階において，それぞれのテスト刺激を聴いたときに，知り合いのイメージを思い浮かべることは，意図的にもできるが，本実験のテスト段階の課題遂行ではそれを求めていないため，自己関連イメージ化処理を行った参加者がいたとしても，無意図的に行ったものと解釈するのが妥当であろう。すなわち，知り合いのイメージを思い浮かべるというのは意図的・方略的なものというより，処理の流暢性が反映した熟知性過程による自動的なものであると思われる。本実験の話者同一性評定の課題遂行においては，回想過程が主であると考えられるが，熟知性過程の影響も混入し得るため，テスト刺激の種類に関わらず「標的人物の音声と同じ人物のものだと思う程度」の評定値が学習時に自己関連イメージ化処理をする群においては高まったのだろう。

総合考察

実験3の目的は，参加者が，先行提示セッションにおけるテスト刺激の反復提示によって高まった処理流暢性，すなわち聞き覚えを，「先行提示セッションで聴いたからだ」ではなく，「学習段階で聴いた標的人物の音声だからだ」に誤帰属させるかどうか，また，参加者が，話者同一性評定セッションのテスト段階中に異なるセリフのテスト刺激を繰り返し聴くことによって

高まった聞き覚えを，「テスト段階で繰り返し聴いたからだ」ではなく，「学習段階で聴いた標的人物の音声だからだ」ということに誤帰属させるかどうかを明らかにすることであった。その結果，先行提示セッションで提示された標的人物のテスト刺激および非標的人物のテスト刺激に対する「標的人物の音声と同じ人物のものだと思う程度」の全10試行の平均値は，テスト刺激の先行提示の手続きによって違いがなかった（Figure 5-2）。また，テスト刺激の先行提示なし群において，10試行目のほうが1試行目よりも，標的人物の音声に対する「標的人物の音声と同じ人物のものだと思う程度」の平均値が高く，さらに，テスト刺激の先行提示なし群が，標的人物のテスト刺激の先行提示群および非標的人物のテスト刺激の先行提示群よりも，標的人物の音声に対する「標的人物の音声と同じ人物のものだと思う程度」の10試行目の平均値が高かった（Figure 5-3）。これらの結果から，参加者は，先行提示セッションにおけるテスト刺激の反復提示によって高まった処理流暢性を，「学習段階で聴いた標的人物の音声だからだ」に誤帰属させない一方で，話者同一性評定セッションのテスト段階中に異なるセリフの標的人物の音声を繰り返し聴くことによって高まった処理流暢性を，「学習段階で聴いた標的人物の音声だからだ」ということに誤帰属させ得ることが示唆された。しかし，話者同一性評定セッションのテスト段階中に異なるセリフの標的人物の音声を繰り返し聴くことによって高まった処理流暢性を，「学習段階で聴いた標的人物の音声だからだ」に誤帰属させるかどうかは，その誤帰属に気づく機会があるかどうかに依存すると思われる。実験3では，先行提示セッションにおけるテスト刺激の反復提示により処理流暢性が高まっていることに気づいた可能性があり，そして，その処理流暢性の高まりにより誤帰属してしまう可能性に気づくことで，処理流暢性の高まり，すなわち聞き覚えを判断基準に用いることを避け，本来の話者同定の判断過程にあたる学習エピソードの回想過程に，より依存しようとすると考えられた。

　そこで，話者同定の課題遂行にとって学習エピソードの回想過程がより重

要であるという仮説を検証するために，実験4では「学習エピソード」の回想過程の利用可能性を高めると思われる操作を加えることで，標的人物の音声に対してより正確に「学習時に聴いた標的人物の音声だ」と判断しやすくなるかどうかを検討した。その結果，標的人物の音声に対する「標的人物の音声と同じ人物のものだと思う程度」の全10試行の平均値は，学習時の方向づけ課題の有無によって違いがなかった（Figure 5-5）。また，どのテスト刺激に対しても，学習時に自己関連イメージ化処理をする場合のほうが，学習時に自己関連イメージ化処理をしない場合よりも，「標的人物の音声と同じ人物のものだと思う程度」の1試行目と10試行目の平均値が高かった（Figure 5-6）。これらの結果から，参加者は，学習段階の方向づけによって，話者同一性評定セッションのテスト段階で，それぞれのテスト刺激を聴いて，知り合いのイメージが流暢に頭に浮かんだときに，その流暢性を「声を聴いたらすぐに人物のイメージが思い浮かんだ。これは先ほど学習段階で聴いた標的人物だからだろう」というように帰属させ，少なくとも一定の割合で「標的人物の音声と同じ人物のものだと思う程度」の評定値を高めるように作用したと考えられる。

　以上の実験3と実験4の結果から，話者同一性評定の判断過程は回想過程のみならず，処理流暢性に影響を受けることが示された。

第6節　本章のまとめ

　実験3と実験4の結果から，話者同一性評定の判断過程は回想過程のみならず，処理流暢性に影響を受けることが示された。そして，その処理流暢性の生起因としては，実験3では，話者同一性評定セッションのテスト段階において，標的人物の音声に対して「標的人物の音声と同じ人物のものだと思う程度」を繰り返し評定することによるもの，実験4では，学習段階の方向づけ課題により，知り合いのイメージが流暢に頭に浮かんだことによるもの，であることが推察された。すなわち，本実験の操作によって生じたものであ

るため，繰り返し提示も，精緻化方略も用いるかどうかに関わらず，本来の話者同定の判断過程である，学習エピソードの回想過程に基づいて判断された可能性がある。よって，テスト試行数や精緻化方略の有無といった変数が，判断過程に影響する可能性があることが明らかになったことは，今後の研究において実験計画を立てる際の参考になると思われる。次章では，本論文全体の考察を述べる。

第6章　全体的考察

第1節　本研究の学術的意義

　本研究の学術的意義は4つある。1つめは，強制選択や諾否判断を採用していたこれまでの話者同定研究では得られなかった，他の音声刺激と悩まず，圧倒的に「標的人物だと思う」1つを選択したのか，他の音声刺激と悩んだ上での，ほぼ同率で「標的人物だと思う」刺激のうちの1つを選択したのか，というこれらの異なる認知過程を明らかにすることができたことである。本研究の実験2では，テスト刺激を構成する全ての音声刺激に対して個別に，「標的人物の音声と同じ人物のものだと思う程度」を0（同じだと思わない）から100（同じだと思う）の，10%刻みの百分率の11件法（0，10，20，…，80，90，100）で回答してもらうという話者同一性評定を提案した。これにより，それぞれのテスト刺激に対して「標的人物だ」と思ったのはどの程度かを量的に表し，また，それを刺激同士で比較可能にし，どの刺激に対して最も「標的人物だ」と感じ，あるいは感じなかったのかを明らかにすることができるようになったことで，先行研究とは異なる視点から，言語隠蔽効果の生起メカニズムについて考察することができた。続く実験3および4では，より一般的な記憶課題である再認の2過程モデルを援用し，話者同一性評定の判断過程は回想過程のみならず，処理流暢性に影響を受けることを示し，より理論的に話者同定課題の遂行過程について検討することができた。そのため，言語隠蔽効果や課題遂行過程だけでなく，これまでの研究において結論が異なる要因や，現象の生起メカニズムが明らかになっていない要因などについて，話者同一性評定を用いて検討することでより妥当な説明ができる可能性がある。

2つめは，音声刺激の類似性について，音声の特徴や印象を言語的に表した言語化情報が標的人物の音声と似ているかどうかで決定したことで，言語隠蔽効果の現象についてより厳密に検討することができたことである。本研究の調査1では，標的人物の音声と言語化情報が似ていない音声刺激として，例えば，「声の太さ」の次元では標的人物の音声の聴取印象（例：細い声）と一致しない「太い声」と言語化される音声を選定し，反対に，標的人物の音声と言語化情報が似ている音声刺激として，標的人物の音声の聴取印象（例：細い声）と一致する「細い声」と言語化される音声を選定した。このとき，いずれの人物の音声も，連続して聴取する限りは標的人物の音声と容易に弁別可能である音声を選定したことも，言語隠蔽効果の生起メカニズムを説明するために必要な条件であったと思われる。このことから，今後の研究において，音声刺激の類似性をどのように定義するのかは重要になってくると考えられる。特に，言語化などの影響を検討するときは，聴覚的なパラメータに基づいて選定するのではなく，本研究のような，言語的なパラメータに基づいて選定する必要があるだろう。聴覚的なパラメータに基づいた類似性の操作というのは例えば，Smith et al.（2020）の実験のように，平均基本周波数（F0）で類似性を操作するというものである。

3つめは，話者同定の言語隠蔽効果の生起要因が明らかになったことで，話者同定における言語化の影響について，話者同定成績を促進する可能性を検討したいときの実験手続きの参考になり得ることである。すなわち，話者同定の言語隠蔽効果の生起要因となり得る，話者同定テストの提示手続きにラインナップ手続きや，話者同定テストの回答手続きに強制選択を採用しないように，実験手続きを設定すれば，言語隠蔽効果ではなく，言語化の効果を検討することができると思われる。よって，例えば，話者同定テストの提示はショウアップ手続きで行うことや，話者同定テストの回答は話者同一性評定で求めることなどの方法が挙げられる。このように，話者同定における言語化の影響について再検討の余地があることを示唆した。

第6章 全体的考察 141

4つめは，処理流暢性が，試行数を重ねることにより生じる可能性がある
ことを指摘したことである。これまで，処理流暢性が話者同定の判断過程に
影響するかどうかは検討されていなかった。しかし，話者同定テスト時の提
示手続きにおいて，複数の音声刺激を順番に提示するラインナップ手続きが
採用されたとき，テスト刺激を繰り返し提示することになるため，この繰り
返し提示によって生じる処理流暢性が，話者同定の判断過程に影響するかど
うかを明らかにしたことは意義があると思われる。なぜなら，今後の研究で，
話者同定テスト時の提示手続きにおいて，複数の音声刺激を順番に提示する
ラインナップ手続きを採用するときは，テスト段階において，「標的人物の
音声と同じ人物のものだと思う程度」を繰り返し評定することは誤帰属が生
じる可能性があるため，テスト試行数を決定する際には注意する必要がある
ことを指摘できたからである。

第2節　本研究で得られた知見

本研究の学術的意義の中でも，特に，話者同一性評定という新しいパラダ
イムの考案によって，次の2点が明らかになった。1つめは，話者同定にお
ける言語隠蔽効果の生起メカニズム，2つめは，話者同一性評定における処
理流暢性帰属の影響について明らかになった。以下では，その2点について
詳しく説明する。

話者同定における言語隠蔽効果の生起メカニズム　言語隠蔽効果（verbal
overshadowing effect; Schooler & Engstler-Schooler, 1990）とは，記銘材料に対し
て言語化を行うことが記憶成績を抑制する現象のことである。言語隠蔽効果
の生起メカニズムについて，話者同定を実証した Vanags et al.（2005）は，
転移不適切性処理シフト説（transfer inappropriate processing shift: TIPS）で説
明した。転移不適切性処理シフト説とは，非言語的な記銘材料を言語化する
と，その刺激に対する処理が言語的な処理方法へ移行し，結果として，その
刺激の同定に適切な非言語的な処理方法が利用されなくなるという考え方で

ある。すなわち，話者同定における言語隠蔽効果の生起メカニズムは，標的となる音声刺激に対する話者同定が阻害されることで生じていると考えられていた。しかし，本研究の実験2の結果から，標的人物の音声に対する「標的人物の音声と同じ人物のものだと思う程度」の評定値への言語化による影響は見られない一方で，標的人物の音声と言語化情報が似ている高類似音声に対しては，高類似音声を誤って「学習時に聴いた標的人物の音声と同じ人物のものだ」と思う程度が高まることが示された。また，それらを反映して，「標的人物だと思う」1人だけを選ぶ手続きを想定した分析では，言語化により標的人物の音声に対する「標的人物の音声と同じ人物のものだと思う程度」は下がっていないにもかかわらず，Perfect et al.（2002）およびVanags et al.（2005）と同様に，標的人物の音声の特徴や印象を自由記述すると，標的人物の音声の選択率が下がることが再現された。

　本研究の実験2では，話者同一性評定テスト時の音声提示は，複数の音声刺激を順番に提示するラインナップ手続きで行った。また，話者同一性評定テスト時の回答手続きは，テスト刺激を構成する全ての音声刺激に対して個別に，「標的人物の音声と同じ人物のものだと思う程度」を0（同じだと思わない）から100（同じだと思う）の，10%刻みの百分率の11件法（0，10，20，…，80，90，100）で回答してもらう方法であった。そして，テスト刺激は，標的人物1名とディストラクター人物2名の計3名の音声刺激であり，ディストラクター人物の音声は，1名は，言語化情報が標的人物の音声と似ている高類似音声であり，もう1名は，言語化情報が標的人物の音声と似ていない低類似音声であった。これらの手続きを用いた実験2の「標的人物だと思う」1人だけを選ぶ手続きを想定した分析において，言語隠蔽効果が再現されたことから，言語隠蔽効果が生起する条件としては，次の3点が重要であることが示唆された。1つめは話者同定テストの提示手続き，2つめは話者同定テストの回答手続き，そして3つめはテスト刺激の類似性であった。

　1つめの話者同定テストの提示手続きは，複数の音声刺激を順番に提示す

第6章　全体的考察　143

るラインナップ手続きであることが必要条件であると思われる。2つめの話者同定テストの回答手続きは，テスト刺激の中から必ず1つを選ぶ強制選択で，また，その回答のタイミングは，全ての音声刺激を聴いた後に，標的人物だと思う1人を選択する手続き（serial procedure），または，全ての音声刺激を聴かなくても，標的人物だと思う1人を選択した時点で回答が確定する手続き（sequential procedure）のいずれかであることが必要条件であると思われる。3つめのテスト刺激の類似性は，本研究の高類似音声のような，言語化情報が標的人物の音声と似ている音声刺激が含まれることが必要条件であると思われる。以上の条件で話者同定テストを行うと，標的人物の音声に対する言語化をすることで，言語化情報が標的人物の音声と似ている音声刺激が，標的人物の音声と少なくとも同程度かそれに近い割合で「標的人物の音声と同じ人物のものである」ということで選択されやすい状況にあるため，標的人物の音声を正しく選ぶ率が下がるという言語隠蔽効果が生じると考えられる。

　本研究の実験2により，話者同定における言語隠蔽効果の生起メカニズムについて，転移不適切性処理シフト説で説明した Vanags et al.（2005）とは異なる側面からの説明が可能になった。話者同定における言語隠蔽効果の生起メカニズムとして，転移不適切性処理シフト説よりも本研究の説明のほうが妥当であるといえるだろう。その根拠としては，本研究の実験1の結果を説明できることが挙げられる。本研究の実験1では，話者同定テスト時の音声提示は，1つの音声刺激を提示するショウアップ手続きで行った。また，話者同定テスト時の回答手続きは，「はい（標的人物の音声と同じ人物のものである）」または「いいえ（標的人物の音声と同じ人物のものではない）」のいずれかで回答してもらう諾否判断の方法をとった。そして，テスト刺激は，標的人物1名とディストラクター人物1名の計2名の音声刺激であり，ディストラクター人物の音声は，言語化情報が標的人物の音声と似ていない低類似音声であった。その結果，言語隠蔽効果が再現できなかった。もし，言語隠蔽

効果の生起メカニズムが転移不適切性処理シフト説で説明できるのならば，本研究の実験1でも言語隠蔽効果が生じるはずである。それにも関わらず，言語隠蔽効果が再現できなかったのは，上記の3つの条件，すなわち，話者同定テストの提示手続きはラインナップ手続きで，話者同定テストの回答手続きはテスト刺激の中から必ず1つを選ぶ強制選択で，そして，テスト刺激の類似性は，言語化情報が標的人物の音声と似ている音声刺激が含まれるというこれらの条件を満たしていなかったからだろう。よって，本研究の説明のほうが転移不適切性処理シフト説よりも，話者同定における言語隠蔽効果の生起メカニズムとして妥当であると思われる。

話者同一性評定における処理流暢性帰属の影響　処理流暢性（processing fluency）とは，さまざまな認知的処理の容易さの主観的体験を指し（Schwarz, 2004)，話者同一性評定における処理流暢性帰属とは，すなわち，処理流暢性が，テスト刺激に対する「標的人物の音声と同じ人物のものであると思う程度」に誤って帰属するというものである。話者同一性評定における処理流暢性帰属について検討したところ，本研究の実験3および実験4の結果から，話者同一性評定の判断過程は回想過程のみならず，処理流暢性に影響を受けることが示された。

実験3で，テスト刺激の先行提示なし群において，10試行目のほうが1試行目よりも，標的人物の音声に対する「標的人物の音声と同じ人物のものだと思う程度」の平均値が高く，さらに，テスト刺激の先行提示なし群が，標的人物のテスト刺激の先行提示群および非標的人物のテスト刺激の先行提示群よりも，標的人物の音声に対する「標的人物の音声と同じ人物のものだと思う程度」の10試行目の平均値が高かったのは，話者同一性評定セッションのテスト段階中に異なるセリフの標的人物の音声を繰り返し聴くことによって高まった処理流暢性，すなわち聞き覚えを，「学習段階で聴いた標的人物の音声だからだ」ということに誤帰属させることが考えられた。

実験4で，1試行目と10試行目において，学習時に自己関連イメージ化処

理をする群が，学習時に自己関連イメージ化処理をしない群よりも，全ての
テスト刺激に対する「標的人物の音声と同じ人物のものだと思う程度」の評
定値が高かったのは，学習段階の方向づけによって，話者同一性評定セッシ
ョンのテスト段階で，それぞれのテスト刺激を聴いて，知り合いのイメージ
が流暢に頭に浮かんだときに，その流暢性を「声を聴いたらすぐに人物のイ
メージが思い浮かんだ。これは先ほど学習段階で聴いた標的人物だからだろ
う」というように帰属させ，少なくとも一定の割合で「標的人物の音声と同
じ人物のものだと思う程度」の評定値を高めるように作用したと考えられた。

　以上のことから，テスト試行数や精緻化方略の有無といった変数が，話者
同一性評定の判断過程に影響する可能性があることが明らかになったため，
これらの変数が剰余変数になる可能性がある。そのため，実験計画を立てる
際には，テスト試行数が余分でないか，方向づけ課題が必要かどうかについ
ても吟味する必要があろう。

　まとめ　このように，本研究が新たに提案した，テスト刺激を構成する全
ての音声刺激に対して個別に，「標的人物の音声と同じ人物のものだと思う
程度」を 0 （同じだと思わない）から100（同じだと思う）の，10%刻みの百分
率の11件法（0，10，20，…，80，90，100）で回答してもらう方法により，話
者同定における言語隠蔽効果の生起メカニズムや，話者同一性評定が処理流
暢性帰属に影響を受ける可能性があることが明らかになった。

　特に，本研究の実験2においては，自由記述で標的人物の音声を言語化す
ると，標的人物の音声に対する「標的人物の音声と同じ人物のものだと思う
程度」は下がっていないにもかかわらず，「標的人物の音声と同じ人物のも
のだと思う」1人を選ぶという強制選択を想定したシミュレーションでは，
Perfect et al.（2002）および Vanags et al.（2005）と同様に，言語化しない場
合に比べて標的人物の音声の選択率が下がること，すなわち，言語隠蔽効果
と同様のパターンが再現された。このことから，各音声刺激に対する「標的
人物の音声と同じ人物のものだと思う程度」を個別に評定させるといった，

話者同一性評定の実験パラダイムを用いれば，その現象の再現可能性を保ちつつ，その現象が，どのような認知過程に基づいた判断なのかまで検討でき，新しい知見を獲得することができるといえよう。よって，話者同一性評定の実験パラダイムを用いることは，これまでに確認されたさまざまな現象について判断過程のレベルで再検討することを可能にし，そこで得られた知見は，現象記述的な知見の蓄積にとどまらないという点で，意義があるだろう。もちろん，今後行われる研究においても，本研究のような，話者同一性評定の実験パラダイムを用いてデータを蓄積することが望ましいといえる。しかし，本研究には問題点がある。それは，話者内の変動（within-speaker variation）を考慮していない点にある。

　われわれは，常に同じ調子で話すわけではない。つまり，同一話者でも声の高さや大きさ，あるいは話す速さが変わるというように，話者内の変動があるといえよう。しかし，本研究では，その話者内の変動を考慮せず，むしろ，最小限にとどめた。具体的には，録音の音声を用いたり，また，その録音は1時間以内に完了した。これにより，少なくとも，話す速さなどは音声刺激によって変わらないように統制できたと考えられる。このように，本研究は全ての調査・実験において，話者内の変動を統制した状態で，話者の音声の記憶について検討した。生態学的妥当性の観点から，話者内の変動は考慮したほうが望ましいと思われる。しかし，話者内の変動を考慮してしまうと，例えば，実験1で，声質記述群のほうが統制群よりも標的人物の音声に対する話者同定成績が下がった場合に，それは，本当に言語化の影響なのか，それとも，話者内の変動があるために，同一話者だとわからなかったのか，どちらの影響だったのかがわからない。また，話者同定成績に床効果が生じる可能性も考えられる。このことから，本研究では，話者内の変動を統制することにした。とはいえ，今後は，話者内の変動も考慮して，話者の音声の記憶について検討する必要があるだろう。

第3節　今後の展望

　今後の展望として以下の3つを挙げる。1つめの展望としては，話者同定における促進要因を探ることである。本研究の実験4では，話者同一性評定セッションの学習段階で，標的人物の音声に似た音声をもつ人物を，身近な人物の中から選び，その人が話しているかのようにイメージするという精緻化の手続きを用いて，精緻化の影響を検討したが，結果としては，反応バイアスを生じさせたことが示唆された。よって，本研究の結果からは，話者同一性評定に精緻化の影響がないかどうかについては結論づけることができなかった。このことから，今後の展望としては，流暢性を抑制することで，精緻化の効果を検討することが望まれる。1つの解決方法としては，流暢性と解釈の関係を参加者が新たに学習することができること（Unkelbach, 2007），すなわち，教示によって流暢性に対する解釈が柔軟に変化することが指摘されていることから（Corneille et al., 2020; 八木他，2023），教示によって，学習エピソードの回想過程の利用可能性を高め，慎重な判断を促すことが考えられる。ここでいう「解釈」とは，流暢性と判断との関係を人が意味づける過程を指し（八木他，2023），例えば，「この音声は聞き覚えがあるから，標的人物の音声と同じ人物のものだ」と解釈するときが当てはまる。誤帰属への対処方法また，その対処方法を確立したうえで，精緻化の方法を再検討することについては，今後の研究に期待される。

　2つめの展望については，話者同一性評定の研究を積み重ねることである。本研究の限界点としては，本実験で得られた結果を，話者同定にも一般化できるかどうかはわからないことである。特に，言語化によってディストラクター人物の音声を「標的人物の音声だと誤って同定する確率」が高まり，その分，見かけ上は標的人物の音声を「標的人物の音声だと正しく同定する確率」が下がるという，話者同一性評定における言語隠蔽効果の生起メカニズムが，Perfect et al.（2002）や Vanags et al.（2005）の話者同定における言語

隠蔽効果の生起メカニズムにも当てはまるという保証はないことである。そのため，今後の課題としては，同一の音声刺激を用いて，全ての音声刺激に対して「標的人物の音声と同じ人物のものだと思う程度」を個別に評定してもらう話者同一性評定と，テスト刺激の中から必ず1つを選ぶ強制選択で実験を行い，両者の手続きにおいて言語隠蔽効果が生じることのみならず，標的人物の音声とディストラクター人物の音声の選択率そのものも，話者同一性評定によって得られたシミュレーションの結果と同程度になるか否かを確認することが望まれる。すなわち，話者同一性評定で得られた結果が，話者同定に一般化することができるのかを検討する必要がある。よって，今後は，本研究の実験2・3・4のような，各音声刺激に対する「標的人物の音声と同じ人物のものだと思う程度」を個別に評定させるといった実験パラダイムを用いてデータを蓄積しつつ，話者同定との整合性を検討することが望ましいと思われる。

　3つめの展望としては，実験場面における話者同定と日常場面における話者同定の両方を説明するような，包括的理論モデルを構築することである。その一助になり得るものに，ソース・モニタリングに関する知見がある。話者同定の課題要求は，聴こえた音声に対して聞き覚えがあるかどうかではなく，学習時に聴いた標的人物の音声と同じ人物のものであるかどうかを判断することであり，一種のソース・モニタリングにあたると思われる。金城（2001）によると，ソース・モニタリングとは，情報の起源についての記憶の想起に関係する認知過程であり，その記憶が内的に得られたものか，外的に得られたものかによって2種類に分けられる。1つめは，記憶された情報の起源が内的か外的かを弁別し，判断する「リアリティ・モニタリング（reality monitoring）」であり（レビューとして，金城，2001），例えば，昨日に，Aさんの声を聴いたと頭で考えただけなのか，それとも，実際にAさんの声を聴いたのかという記憶判断がこれにあたる。2つめは，外的に得られた記憶の起源を判断する「外部情報のソース・モニタリング（external-external monitoring)」であり（レビューとして，金城，2001），例えば，あのときに聴いたのはＡさんの声か，それとも，Ｂさんの声かという記憶判断がこれにあたる。このことから，話者同定の課題要求に含まれるのは，外部情報のソース・モニタリングであると考えられる。また，本研究では，話者同一性評定の判断過程は，回想過程のみならず，処理流暢性に影響を受けることを示したが，本来的には回想過程に大きく依存するソース判断にも処理流暢性が影響することが報告されている（例えば，畑中・藤田，2004）。従って，ソース・モニタリングに関する知見および方法論を積極的に用いることで，話者同定パラダイムもさらに精緻な検討が可能になると期待できる。

引 用 文 献

Armstrong, H. A., & McKelvie, S. J. (1996). Effect of face context on recognition memory for voices. *The Journal of General Psychology, 123*(3), 259-270. https://doi.org/10.1080/00221309.1996.9921278

Bricker, P. D., & Pruzansky, S. (1976). Speaker recognition. In N. J. Lass (Ed.), *Contemporary Issues in Experimental Phonetics* (pp. 295-326). Academic Press.

Boersma, P., & Weenink, D. (2018). Praat: Doing phonetics by computer [Computer program]. Version 6.0.40, Retrieved May 11, 2018, from http://www.praat.org/

Boersma, P., & Weenink, D. (2022). Praat: Doing phonetics by computer [Computer program]. Version 6.2.14, Retrieved August 1, 2022, from http://www.praat.org/

Brown, R. (1979). Memory and decision in speaker recognition. *International Journal of Man-Machine Studies, 11*(6), 729-742. https://doi.org/10.1016/S0020-7373(77)80025-4

Bull, R., Rathborn, H., & Clifford, B. R. (1983). The voice-recognition accuracy of blind listeners. *Perception, 12*(2), 223-226. https://doi.org/10.1068/p120223

千原 孝司・辻村 祐子 (1985). 清音3音節名詞について――40カテゴリー・500語の熟知価―― 滋賀大学教育学部紀要 人文科学・社会科学・教育科学, No. 35, 75-99.

Clarke, F. R., & Becker, R. W. (1969). Comparison of techniques for discriminating among talkers. *Journal of Speech and Hearing Research, 12*(4), 747-761. https://doi.org/10.1044/jshr.1204.747

Clifford, B. R. (1980). Voice identification by human listeners: On earwitness reliability. *Law and Human Behavior, 4*(4), 373-394. https://psycnet.apa.org/doi/10.1007/BF01040628

Cohen, J. (2013). *Statistical Power Analysis for the Behavioral Sciences*. Academic press.

Compton, A. J. (1963). Effects of filtering and vocal duration upon the identification of speakers, aurally. *The Journal of the Acoustical Society of America, 35*(11), 1748-1752. https://doi.org/10.1121/1.1918810

Cook, S., & Wilding, J. (1997). Earwitness testimony 2: Voices, faces and context. *Applied Cognitive Psychology, 11*(6), 527-541. https://doi.org/10.1002/(SICI)1099-0720(199712)11:6%3C527::AID-ACP483%3E3.0.CO;2-B

Cook, S., & Wilding, J. (2001). Earwitness testimony: Effects of exposure and attention on the face overshadowing effect. *British Journal of Psychology, 92*(4), 617-629. https://doi.org/10.1348/000712601162374

Corneille, O., Mierop, A., & Unkelbach, C. (2020). Repetition increases both the perceived truth and fakeness of information: An ecological account. *Cognition, 205*, 104470. https://doi.org/10.1016/j.cognition.2020.104470

Doty, N. D. (1998). The influence of nationality on the accuracy of face and voice recognition. *The American Journal of Psychology, 111*(2), 191-214. https://doi.org/10.2307/1423486

Faul, F., Erdfelder, E., Lang, A. G., & Buchner, A. (2007). G*Power 3: A flexible statistical power analysis program for the social, behavioral, and biomedical sciences. *Behavior Research Methods, 39*(2), 175-191. https://doi.org/10.3758/BF03193146

Faul, F., Erdfelder, E., Buchner, A., & Lang, A. G. (2009). Statistical power analyses using G*Power 3.1: Tests for correlation and regression analyses. *Behavior Research Methods, 41*(4), 1149-1160. https://doi.org/10.3758/BRM.41.4.1149

藤田 哲也 (1999). 潜在記憶の測定法 心理学評論, *42*(2), 107-125. https://doi.org/10.24602/sjpr.42.2_107

藤田 哲也・齊藤 智・高橋 雅延 (1991). ひらがな清音5文字名詞の熟知価について 京都橘女子大学研究紀要, No.18, 79-93.

Gardiner, J. M. (1988). Functional aspects of recollective experience. *Memory & Cognition, 16*(4), 309-313. https://doi.org/10.3758/BF03197041

Gardiner, J. M., & Parkin, A. J. (1990). Attention and recollective experience in recognition memory. *Memory & Cognition, 18*(6), 579-583. https://doi.org/10.3758/BF03197100

Goggin, J. P., Thompson, C. P., Strube, G., & Simental, L. R. (1991). The role of language familiarity in voice identification. *Memory & Cognition, 19*(5), 448-458. https://doi.org/10.3758/BF03199567

Goh, W. D. (2005). Talker variability and recognition memory: Instance-specific and voice-specific effects. *Journal of Experimental Psychology: Learning, Memory, and Cognition, 31*(1), 40-53. https://psycnet.apa.org/doi/10.1037/0278-7393.31.1. 40

Goldstein, A. G., Knight, P., Bailis, K., & Conover, J. (1981). Recognition memory for accented and unaccented voices. *Bulletin of the Psychonomic Society, 17*(5), 217-220. https://doi.org/10.3758/BF03333718

畑中 佳子・藤田 哲也 (2004). ソースモニタリングと再認による文字表記形態の顕在記憶の検討 心理学研究, *74*(6), 496-503. https://doi.org/10.4992/jjpsy.74.496

Hatano, A., Ueno, T., Kitagami, S., & Kawaguchi, J. (2015). Why verbalization of non-verbal memory reduces recognition accuracy: A computational approach to verbal overshadowing. *PloS One, 10*(6), e0127618. https://doi.org/10.1371/journal.pone.0127618

Hollien, H. (1990). *The Acoustics of Crime: The New Science of Forensic Phonetics.* Plenum.

Jacoby, L. L. (1991). A process dissociation framework: Separating automatic from intentional uses of memory. *Journal of Memory and Language, 30*(5), 513-541. https://doi.org/10.1016/0749-596X(91)90025-F

Jacoby, L. L., & Dallas, M. (1981). On the relationship between autobiographical memory and perceptual learning. *Journal of Experimental Psychology: General, 110*(3), 306-340. https://psycnet.apa.org/doi/10.1037/0096-3445.110.3.306

Jacoby, L. L., Kelley, C., Brown, J., & Jasechko, J. (1989). Becoming famous overnight: Limits on the ability to avoid unconscious influences of the past. *Journal of Personality and Social Psychology, 56*(3), 326-338. https://psycnet.apa.org/doi/10.1037/0022-3514.56.3.326

金城 光 (2001). ソース・モニタリング課題を中心としたソース・メモリ研究の動向と展望 心理学研究, *72*(2), 134-150. https://doi.org/10.4992/jjpsy.72.134

Karch, J. D. (2021). Psychologists should use Brunner-Munzel's instead of Mann-Whitney's U test as the default nonparametric procedure. *Advances in Methods and Practices in Psychological Science, 4*(2), 1-14. https://doi.org/10.1177/2515245921999602

木戸 博・粕谷 英樹 (2001). 通常発話の声質に関連した日常表現語——聴取評価による抽出—— 日本音響学会誌, *57*(5), 337-344. https://doi.org/10.20697/jasj.57.5_337

木戸 博・箕輪 有希子・粕谷 英樹（2002）．声質表現語の音響関連量に関する非線形分析——決定木による方法——　日本音響学会誌, *58*(9), 586-588. https://doi.org/10.20697/jasj.58.9_586

北神 慎司（2000）．視覚情報の記銘における言語的符号化の影響　心理学研究, *71*(5), 387-394. https://doi.org/10.4992/jjpsy.71.387

Kitagami, S., Sato, W., & Yoshikawa, S. (2002). The influence of test-set similarity in verbal overshadowing. *Applied Cognitive Psychology, 16*(8), 963-972. https://doi.org/10.1002/acp.917

Köster, O., & Schiller, N. O. (1997). Different influences of the native language of a listener on speaker recognition. *Forensic Linguistics, 4*(1), 18-28. https://doi.org/10.1558/ijsll.v4i1.18

Kreiman, J., & Sidtis, D. (2011). *Foundations of Voice Studies: An Interdisciplinary Approach to Voice Production and Perception.* Wiley.

Macrae, C. N., & Lewis, H. L. (2002). Do I Know You? Processing Orientation and Face Recognition. *Psychological Science, 13*(2), 194-197. https://doi.org/10.1111/1467-9280.00436

Mann, V. A., Diamond, R., & Carey, S. (1979). Development of voice recognition: Parallels with face recognition. *Journal of Experimental Child Psychology, 27*(1), 153-165. https://doi.org/10.1016/0022-0965(79)90067-5

Marks, D. F. (1973). Visual imagery differences in the recall of pictures. *British Journal of Psychology, 64*(1), 17-24. https://doi.org/10.1111/j.2044-8295.1973.tb01322.x

松永 理恵（2021）．基音　子安 増生・丹野 義彦・箱田 裕司（監修）現代心理学辞典（p. 141）有斐閣

McDougall, K., Nolan, F., & Hudson, T. (2015). Telephone transmission and earwitnesses: Performance on voice parades controlled for voice similarity. *Phonetica, 72*(4), 257-272. https://doi.org/10.1159/000439385

McGehee, F. (1937). The reliability of the identification of the human voice. *The Journal of General Psychology, 17*(2), 249-271. https://doi.org/10.1080/00221309.1937.9917999

Meissner, C. A., & Brigham, J. C. (2001). A meta-analysis of the verbal overshadowing effect in face identification. *Applied Cognitive Psychology, 15*(6), 603-616. https://doi.org/10.1002/acp.728

引 用 文 献　　155

Meissner, C. A., Brigham, J. C., & Kelley, C. M. (2001). The influence of retrieval processes in verbal overshadowing. *Memory & Cognition, 29*(1), 176–186. https://doi.org/10.3758/BF03195751

Meissner, C. A., Sporer, S. L., & Susa, K. J. (2008). A theoretical review and meta-analysis of the description-identification relationship in memory for faces. *European Journal of Cognitive Psychology, 20*(3), 414–455. https://doi.org/10.1080/09541440701728581

三井 はるみ (2021).「共通語」と「標準語」はどのように違うのですか　ことば研究館　Retrieved September 21, 2023 from https://kotobaken.jp/qa/yokuaru/qa-138/

Navon, D. (1977). Forest before trees: The precedence of global features in visual perception. *Cognitive Psychology, 9*(3), 353–383. https://doi.org/10.1016/0010-0285(77)90012-3

Öhman, L., Eriksson, A., & Granhag, P. A. (2013). Angry voices from the past and present: Effects on adults' and children's earwitness memory. *Journal of Investigative Psychology and Offender Profiling, 10*(1), 57–70. https://doi.org/10.1002/jip.1381

Olsson, N., Juslin, P., & Winman, A. (1998). Realism of confidence in earwitness versus eyewitness identification. *Journal of Experimental Psychology: Applied, 4*(2), 101–118. https://psycnet.apa.org/doi/10.1037/1076-898X.4.2.101

Orchard, T. L., & Yarmey, A. D. (1995). The effects of whispers, voice-sample duration, and voice distinctiveness on criminal speaker identification. *Applied Cognitive Psychology, 9*(3), 249–260. https://doi.org/10.1002/acp.2350090306

Papcun, G., Kreiman, J., & Davis, A. (1989). Long-term memory for unfamiliar voices. *The Journal of the Acoustical Society of America, 85*(2), 913–925. https://doi.org/10.1121/1.397564

Perfect, T. J., Hunt, L. J., & Harris, C. M. (2002). Verbal overshadowing in voice recognition. *Applied Cognitive Psychology, 16*(8), 973–980. https://doi.org/10.1002/acp.920

Procter, E. E., & Yarmey, A. D. (2003). The effect of distributed learning on the identification of normal-tone and whispered voices. *The Korean Journal of Thinking & Problem Solving, 13*(1), 17–29.

Rajaram, S., & Roediger, H. L., I (1997). Remembering and knowing as states of consciousness during retrieval. In J. D. Cohen, & J. W. Schooler (Eds.), *Scientific Approaches to Consciousness* (pp. 213-240). Psychology Press.

Read, D., & Craik, F. I. (1995). Earwitness identification: Some influences on voice recognition. *Journal of Experimental Psychology: Applied, 1*(1), 6-18. https://psycnet.apa.org/doi/10.1037/1076-898X.1.1.6

Roebuck, R., & Wilding, J. (1993). Effects of vowel variety and sample length on identification of a speaker in a line-up. *Applied Cognitive Psychology, 7*(6), 475-481. https://doi.org/10.1002/acp.2350070603

Rosas, C., Sommerhoff, J., & Morrison, G. S. (2019). A method for calculating the strength of evidence associated with an earwitness's claimed recognition of a familiar speaker. *Science & Justice, 59*(6), 585-596. https://doi.org/10.1016/j.scijus.2019.07.001

Saslove, H., & Yarmey, A. D. (1980). Long-term auditory memory: speaker identification. *Journal of Applied Psychology, 65*(1), 111-116. https://psycnet.apa.org/doi/10.1037/0021-9010.65.1.111

Schiller, N. O., & Köster, O. (1996). Evaluation of a foreign speaker in forensic phonetics: A report. *Forensic Linguistics: The international Journal of Speech, Language and the Law, 3*(1), 176-185. https://doi.org/10.1558/ijsll.v3i1.176

Schooler, J. W. (2002). Verbalization produces a transfer inappropriate processing shift. *Applied Cognitive Psychology, 16*(8), 989-997. https://doi.org/10.1002/acp.930

Schooler, J. W., & Engstler-Schooler, T. Y. (1990). Verbal overshadowing of visual memories: Some things are better left unsaid. *Cognitive Psychology, 22*(1), 36-71. https://doi.org/10.1016/0010-0285(90)90003-M

Schwartz, M. F. (1968). Identification of speaker sex from isolated, voiceless fricatives. *The Journal of the Acoustical Society of America, 43*(5), 1178-1179. https://doi.org/10.1121/1.1910954

Schwarz, N. (2004). Metacognitive experiences in consumer judgment and decision making. *Journal of Consumer Psychology, 14*(4), 332-348. https://doi.org/10.1207/s15327663jcp1404_2

Shipp, T., & Hollien, H. (1969). Perception of the aging male voice. *Journal of Speech and Hearing Research, 12*(4), 703-710. https://doi.org/10.1044/jshr.1204.703

Smith, H. M., Bird, K., Roeser, J., Robson, J., Braber, N., Wright, D., & Stacey, P. C.

引 用 文 献　157

(2020). Voice parade procedures: Optimising witness performance. *Memory, 28*
(1), 2-17. https://doi.org/10.1080/09658211.2019.1673427

Stevenage, S. V. (2018). Drawing a distinction between familiar and unfamiliar
voice processing: A review of neuropsychological, clinical and empirical find-
ings. *Neuropsychologia, 116*, 162-178. https://doi.org/10.1016/j.neuropsycholo
gia.2017.07.005

Stevenage, S. V., Clarke, G., & McNeill, A. (2012). The "other-accent" effect in voice
recognition. *Journal of Cognitive Psychology, 24*(6), 647-653. https://doi.org/10.
1080/20445911.2012.675321

Tanaka, J. W., & Farah, M. J. (1993). Parts and sholes in face recognition. *The
Quarterly Journal of Experimental Psychology, 46*(2), 225-245. https://doi.org/
10.1080/14640749308401045

Thompson, C. P. (1987). A language effect in voice identification. *Applied Cognitive
Psychology, 1*(2), 121-131. https://doi.org/10.1002/acp.2350010205

Tredoux, C. G. (1998). Statistical inference on measures of lineup fairness. *Law and
Human Behavior, 22*(2), 217-237. https://doi.org/10.1023/A:1025746220886

Unkelbach, C. (2007). Reversing the truth effect: Learning the interpretation of
processing fluency in judgments of truth. *Journal of Experimental Psychology:
Learning, Memory, and Cognition, 33*(1), 219-230. https://doi.org/10.1037/027
8-7393.33.1.219

Vanags, T., Carroll, M., & Perfect, T. J. (2005). Verbal overshadowing: A sound the-
ory in voice recognition? *Applied Cognitive Psychology, 19*(9), 1127-1144.
https://doi.org/10.1002/acp.1160

Van Lancker, D., & Kreiman, J. (1987). Voice discrimination and recognition are
separate abilities. *Neuropsychologia, 25*(5), 829-834. https://doi.org/10.1016/00
28-3932(87)90120-5

Van Lancker, D., Kreiman, J. & Emmorey, K. (1985a). Familiar voice recognition:
Patterns and parameters. Part I: Recognition of backward voices. *Journal of
Phonetics, 13*(1), 19-38. https://doi.org/10.1016/S0095-4470(19)30723-5

Van Lancker, D. R., Kreiman, J. & Wickens, T. D. (1985b). Familiar voice recogni-
tion: patterns and parameters. Part II: Recognition of rate-altered voices. *Jour-
nal of Phonetics, 13*(1), 39-52. https://doi.org/10.1016/S0095-4470(19)30724-7

Vargha, A., & Delaney, H. D. (2000). A critique and improvement of the CL common language effect size statistics of McGraw and Wong. *Journal of Educational and Behavioral Statistics, 25*(2), 101-132. https://doi.org/10.3102/1076998602 5002101

Wickham, L. H., & Swift, H. (2006). Articulatory suppression attenuates the verbal overshadowing effect: A role for verbal encoding in face identification. *Applied Cognitive Psychology, 20*(2), 157-169. https://doi.org/10.1002/acp.1176

Williams, C. E. (1964). *The Effects of Selected Factors on the Aural Identification of Speakers.* (Section III, Report ESD-TDR-65-153). Electronic Systems Division, Air Force Systems Command.

Winograd, E., Kerr, N. H., & Spence, M. J. (1984). Voice recognition: Effects of orienting task, and a test of blind versus sighted listeners. *The American Journal of Psychology, 97*(1), 57-70. https://doi.org/10.2307/1422547

八木 善彦・笠置 遊・井上 和哉 (2023). 処理流暢性を巡る議論の変遷 心理学研究, *94*(3), 261-280. https://doi.org/10.4992/jjpsy.94.22401

Yarmey, A. D. (1986). Verbal, visual, and voice identification of a rape suspect under different levels of illumination. *Journal of Applied Psychology, 71*(3), 363-370. https://doi.org/10.1037/0021-9010.71.3.363

Yarmey, A. D. (1995). Earwitness speaker identification. *Psychology, Public Policy, and Law, 1*(4), 792-816. https://doi.org/10.1037/1076-8971.1.4.792

Yarmey, A. D. (2001). Earwitness descriptions and speaker identification. *Forensic Linguistics, 8*(1), 113-122. https://doi.org/10.1558/sll.2001.8.1.113

Yarmey, A. D. (2007). The psychology of speaker identification and earwitness memory. In R. C. L. Lindsay, D. F. Ross, J. D. Read, & M. P. Toglia (Eds.), *The Handbook of Eyewitness Psychology, Vol. 2: Memory for People* (pp. 101-136). Psychology Press.

Yarmey, A. D., & Matthys, E. (1992). Voice identification of an abductor. *Applied Cognitive Psychology, 6*(5), 367-377. https://doi.org/10.1002/acp.2350060502

Yarmey, A. D., Yarmey, A. L., & Yarmey, M. J. (1994). Face and voice identifications in showups and lineups. *Applied Cognitive Psychology, 8*(5), 453-464. https://doi.org/10.1002/acp.2350080504

Yarmey, A. D., Yarmey, A. L., Yarmey, M. J., & Parliament, L. (2001). Commonsense beliefs and the identification of familiar voices. *Applied Cognitive Psychology, 15*(3), 283-299. https://doi.org/10.1002/acp.702

Yu, M. E., Schertz, J., & Johnson, E. K. (2021). The other accent effect in talker recognition: Now you see it, now you don't. *Cognitive Science, 45*(6), e12986. https://doi.org/10.1111/cogs.12986

Appendix

第 3 章の Appendix

Appendix 3-1
文字カウント課題の例
【上に突き出るアルファベット（b, d, f, h, k, l）を数えてください】

buezewaouprkvhskyfxmgaehrqhgleasrcmwocxarzoskeylwbuxhgynzrwm ☐

wqmpuxfkhoraxryzlbhgvduyspvolqakbdhqufsvopblerokzucxagpmqman ☐

flsgdcpvkldmfcbgnqyxcodnpvluswbzwdvpncbmukoqhelaqfmwdknwuopa ☐

brqmsezgkrlfhwnmbpnrdwfcvasuzyghdzkoqlnprxbousdpalhnghzdsqwp ☐

yblcovrbhmxwsdgyfgxmovcbuykzlrayxgeshfyuoxpsvbcrgzgyxdncflkv ☐

hadqosyeuvczxqolgkbemhxpuvwbmxaycfsemvkfqewczrygfnxkavmrueor ☐

dpxzebncysrvrhdckxmgfandkxemuowqapbxwefugnvzhcmpfhrvqwsalxxb ☐

lzegsbqopfnmsceawfnxrwzmceuhgwyncamdxzgknsfewldrhbyvwyhrzqox ☐

alouhguyvolpzsbeqwnvrgshzycoloablqsdkprymdueykbczognhrpcnfod ☐

bgdyhxneshqxbfkodazrlpkxgfasqbkqdpybnvxfuzgvmhqpdubfncavnyd ☐

lheopwdhlzvyayzpdwmuqbrvfnhecdqsyflrobmagelfwdycydzesbnlxkdk ☐

pzckwrayxuhzepyadbfrcyfrxdqcesglnrhkgfbmzcxqvcwqhlyrbmppqsaz ☐

qnmfrgbenogacsekxlhzmwoakxpbvguhzpruqsknxvurghacpfowmvsbeugn ☐

nwecfkuvmrxovpmzucywngrlvocumldyewhnzrsyxwzcuqxbqaelnyuopkuo ☐

mgsfdhqlevgsnbmxlgmlknoqswhwpvznumbklayuslpeovadweodgsaxukzf ☐

aryczoksuhzfnwvlblhxcogsvknwsdqzhypnoeukvphdomfalkgezrdwfchv ☐

pzckwrayxuhzepyadbfrcyfrxdqcesgonrhkgfbmzcxqlcwqhlyrbmppqsaz ☐

Appendix 3-2
実験1における標的人物の音声に対する「標的人物の
音声だと判断した率」

音声の言語化	M	SD
声質記述群	.67	0.50
内容記述群	.78	0.44
統制群	.89	0.33

Appendix 3-3
実験1における低類似音声に対する「標的人物の音声
だと判断した率」

音声の言語化	M	SD
声質記述群	.44	0.53
内容記述群	.44	0.53
統制群	.44	0.53

Appendix 3-4
実験1における音声の言語化の3群それぞれの標的人
物の音声に対する「標的人物の音声であるか否かの判
断」についての確信度の平均値（$n=9$）

音声の言語化	M	SD
声質記述群	4.1	1.7
内容記述群	3.8	1.5
統制群	3.9	1.7

Appendix 3-5
実験1における音声の言語化の3群それぞれの低類似
音声に対する「標的人物の音声であるか否かの判断」
についての確信度の平均値（$n=9$）

音声の言語化	M	SD
声質記述群	4.1	1.5
内容記述群	4.2	1.3
統制群	4.4	1.5

第4章の Appendix

Appendix 4-1
実験2における音声の言語化群ごとの，テスト時の各音声刺激に対する
「標的人物の音声と同じ人物のものだと思う程度（％）」の平均値と標準
偏差（各群とも $n = 18$）

音声の言語化	テスト時の音声刺激		
	標的人物の音声	高類似音声	低類似音声
形容詞選択記述群	47.2(31.8)	41.1(26.8)	28.9(18.1)
形容詞評定群	60.6(24.6)	47.2(33.2)	35.6(25.3)
自由記述群	48.9(31.4)	54.4(28.1)	25.6(17.2)
統制群	62.2(22.6)	29.4(32.3)	26.1(25.0)

Appendix 4-2
音声の言語化4（形容詞選択記述群／形容詞評定群／自由記述群／統制群；参加者間）
×テスト時の音声刺激3（標的人物の音声／高類似音声／低類似音声；参加者内）の分
散分析表

変動因	SS	df	MS	F
主効果：音声の言語化	2705.09	3	901.70	0.96
誤差	63950.00	68	940.44	
主効果：テスト時の音声刺激	23834.26	2	11917.13	19.49***
交互作用	7732.41	6	1288.73	2.11†
誤差	83166.67	136	611.52	

†$p < .10$, ***$p < .001$

Appendix 4-3
実験2における音声の言語化群ごとの，強制選択をシミュレートした
標的人物の音声と高類似音声に対する選択者数

音声の言語化	テスト時の音声刺激	
	標的人物の音声(%)	高類似音声(%)
形容詞選択記述群	11.0(61.1)	7.0(38.9)
形容詞評定群	11.5(63.9)	6.5(36.1)
自由記述群	7.5(41.7)	10.5(58.3)
統制群	15.0(83.3)	3.0(16.7)

注）表中の数値に小数があるのは，各音声刺激に0.5ずつコーディングした場合
を含むため。

Appendix 4-4
実験2における音声の言語化群ごとの，強制選択をシミュレートした
標的人物の音声と低類似音声に対する選択者数

音声の言語化	テスト時の音声刺激	
	標的人物の音声(%)	低類似音声(%)
形容詞選択記述群	11.5(63.9)	6.5(36.1)
形容詞評定群	14.5(80.6)	3.5(19.4)
自由記述群	14.0(77.8)	4.0(22.2)
統制群	15.0(83.3)	3.0(16.7)

注）表中の数値に小数があるのは，各音声刺激に0.5ずつコーディングした場合
を含むため。

Appendix 4-5
実験2における音声の言語化群ごとの，強制選択をシミュレートした標的人物の音声
と高類似音声と低類似音声に対する選択者数

音声の言語化	テスト時の音声刺激		
	標的人物の音声(%)	高類似音声(%)	低類似音声(%)
形容詞選択記述群	9.50(52.8)	5.00(27.8)	3.50(19.4)
形容詞評定群	10.00(55.6)	5.00(27.8)	3.00(16.7)
自由記述群	6.83(38.0)	9.83(54.6)	1.33(7.4)
統制群	14.00(77.8)	2.00(11.1)	2.00(11.1)

注）表中の数値に小数があるのは，各音声刺激に0.5または0.3ずつコーディングした場合を含むた
め。

Appendix   167

第 5 章の Appendix

Appendix 5-1
実験 3 におけるテスト刺激の先行提示群ごとの，テスト時の各音声刺激に対する「標的人物の音声と同じ人物のものだと思う程度」の全10試行の平均値と標準偏差

テスト刺激の先行提示	テスト時の音声刺激		
	標的人物	非標的人物	未学習人物
標的人物	79.1(14.4)	3.1(5.7)	10.2(12.8)
非標的人物	76.6(20.1)	3.1(4.5)	16.4(9.9)
先行提示なし	85.4(9.1)	4.1(8.9)	12.4(12.5)

注）可能得点範囲は，0-100である。丸括弧内は標準偏差である。

Appendix 5-2
実験 3 におけるテスト刺激の先行提示 3（標的人物の先行提示／非標的人物の先行提示／先行提示なし；参加者間）×テスト時の音声刺激 3（標的人物の音声／非標的人物の音声／未学習人物の音声；参加者内）の分散分析表

変動因	SS	df	MS	F
主効果：テスト刺激の先行提示	247.63	2	123.81	0.91
誤差	6127.38	45	136.16	
主効果：テスト時の音声刺激	168668.67	1.47	114616.52	606.48***
交互作用	736.33	2.94	250.18	1.32
誤差	12515.00	66.22	188.99	

***$p < .001$

Appendix 5-3
実験 3 におけるテスト刺激の先行提示群ごとの，テスト時の各音声刺激に対する「標的人物の音声と同じ人物のものだと思う程度」の 1 試行目の平均値と標準偏差

テスト刺激の先行提示	テスト時の音声刺激		
	標的人物	非標的人物	未学習人物
標的人物	72.5(32.8)	1.3(3.4)	7.5(13.9)
非標的人物	76.3(21.6)	2.5(4.5)	10.0(12.6)
先行提示なし	75.0(37.9)	5.6(12.6)	16.3(25.5)

注）可能得点範囲は，0-100である。丸括弧内は標準偏差である。

Appendix 5-4

実験3におけるテスト刺激の先行提示群ごとの，テスト時の各音声刺激に対する「標的人物の音声と同じ人物のものだと思う程度」の10試行目の平均値と標準偏差

テスト刺激の先行提示	テスト時の音声刺激		
	標的人物	非標的人物	未学習人物
標的人物	73.8(26.8)	2.5(5.8)	9.4(16.1)
非標的人物	73.8(32.0)	2.5(7.7)	12.5(18.1)
先行提示なし	92.5(9.3)	2.5(7.7)	10.0(17.1)

注）可能得点範囲は，0-100である。丸括弧内は標準偏差である。

Appendix 5-5

実験3におけるテスト刺激の先行提示3（標的人物の先行提示／非標的人物の先行提示／先行提示なし；参加者間)×テスト時の音声刺激3（標的人物の音声／非標的人物の音声／未学習人物の音声；参加者内)×テスト時の提示回数2（1試行目／10試行目；参加者内)の分散分析表

変動因	SS	df	MS	F
主効果：テスト刺激の先行提示(A)	1717.36	2	858.68	1.37
誤差	28114.58	45	624.77	
主効果：テスト時の音声刺激(B)	320513.19	1.42	225659.65	318.10***
A*B交互作用	778.47	2.84	274.05	0.39
誤差	45341.67	63.92	709.40	
主効果：テスト時の提示回数(C)	138.89	1.00	138.89	0.443
A*C交互作用	88.19	2.00	44.10	0.141
誤差	14106.25	45.00	313.47	
B*C交互作用	584.03	1.73	337.91	1.46
A*B*C交互作用	2182.64	3.46	631.41	2.728*
誤差	18000.00	77.78	231.43	

*$p < .05$, ***$p < .001$

Appendix   169

Appendix 5-6
実験 4 における学習時の方向づけ課題群ごとの，テスト時の各音声刺激に対する「標的人物の音声と同じ人物のものだと思う程度」の全10試行の平均値と標準偏差

学習時の方向づけ課題	テスト時の音声刺激		
	標的人物	非標的人物	未学習人物
自己関連イメージ化処理をする	83.4(18.4)	4.6(7.2)	18.3(20.8)
自己関連イメージ化処理をしない(実験 3)	79.1(14.4)	3.1(5.7)	10.2(12.8)

注）可能得点範囲は，0-100である。丸括弧内は標準偏差である。

Appendix 5-7
実験 4 における学習時の方向づけ課題 2（自己関連イメージ化処理をする／自己関連イメージ化処理をしない；参加者間）×テスト時の音声刺激 3（標的人物の音声／非標的人物の音声／未学習人物の音声；参加者内）の分散分析表

変動因	SS	df	MS	F
主効果：学習時の方向づけ課題	513.38	1	513.38	1.82
誤差	8473.96	30	282.47	
主効果：テスト時の音声刺激	112949.52	1.61	70271.97	341.27^{***}
交互作用	173.44	1.61	107.91	0.52
誤差	9929.04	48.22	205.91	

$^{***}p<.001$

Appendix 5-8
実験 4 における学習時の方向づけ課題群ごとの，テスト時の各音声刺激に対する「標的人物の音声と同じ人物のものだと思う程度」の 1 試行目の平均値と標準偏差

学習時の方向づけ課題	テスト時の音声刺激		
	標的人物	非標的人物	未学習人物
自己関連イメージ化処理をする	85.0(21.6)	4.4(10.9)	25.6(36.1)
自己関連イメージ化処理をしない(実験 3)	72.5(32.8)	1.3(3.4)	7.5(13.9)

注）可能得点範囲は，0-100である。丸括弧内は標準偏差である。

Appendix 5-9
実験4における学習時の方向づけ課題群ごとの，テスト時の各音声刺激に対する「標的人物の音声と同じ人物のものだと思う程度」の10試行目の平均値と標準偏差

学習時の方向づけ課題	テスト時の音声刺激		
	標的人物	非標的人物	未学習人物
自己関連イメージ化処理をする	81.3(23.9)	2.5(4.5)	20.0(29.0)
自己関連イメージ化処理をしない（実験3）	73.8(26.8)	2.5(5.8)	9.4(16.1)

注）可能得点範囲は，0-100である。丸括弧内は標準偏差である。

Appendix 5-10
実験4における学習時の方向づけ課題2（自己関連イメージ化処理をする／自己関連イメージ化処理をしない；参加者間）×テスト時の音声刺激3（標的人物の音声／非標的人物の音声／未学習人物の音声；参加者内）×テスト時の提示回数2（1試行目／10試行目；参加者内）の分散分析表

変動因	SS	df	MS	F
主効果：学習時の方向づけ課題(A)	3588.02	1	3588.02	4.05[†]
誤差	26553.13	30	885.10	
主効果：テスト時の音声刺激(B)	208426.04	1.60	130308.43	177.38***
A*B交互作用	1357.29	1.60	848.58	1.16
誤差	35250.00	47.98	734.61	
主効果：テスト時の提示回数(C)	63.02	1.00	63.02	0.226
A*C交互作用	325.52	1.00	325.52	1.168
誤差	8361.46	30.00	278.72	
B*C交互作用	19.79	1.49	13.31	0.042
A*B*C交互作用	38.54	1.49	25.93	0.082
誤差	14041.67	44.60	314.85	

[†]$p<.10,$ ***$p<.001$

あ　と　が　き

　本論文の執筆にあたり，多くの方々にご指導ご鞭撻を賜りました。

　指導教員であり主査を務めていただいた法政大学文学部心理学科　藤田哲也教授には，修士課程から現在に至るまで，多くのことをご指導いただきました。研究の進め方だけでなく，論文執筆では，どうすればわかりやすい文章になるのか，研究発表においては，伝わりやすいスライドや配付資料を作成するために重要なことを教えていただきました。また，質疑応答に関して，聴き手からいただいたご意見に対して，なんでも「はい，そのとおりだと思います」あるいは「持ち帰って検討します」とその場しのぎの答えで済まそうとせず，反論すべきところはきちんと反論するように，というアドバイスを受けたことが私の中で印象に残っています。それ以降は，ロジカルに説明・反論できるように，実験手続きを計画する段階から，その方法を選択した積極的な理由を考えるようになりました。修士課程に在学中のころを思うと，現在は，大いに成長したように思います（思われたでしょう）が，まだまだ身につけるべきことが多く残っているとも思います。今後は，藤田先生からの多くの教えをもとに，研究者として独り立ちできるようがんばっていきます。6年間ご指導ご鞭撻を賜り，誠にありがとうございました。

　副査の法政大学文学部心理学科　田嶋圭一教授にも，修士課程から現在に至るまで，音声に関する重要なこと，たとえば音声刺激録音時の注意点や，話者のプロフィール，共通語についてなど，多くのことを教えていただきました。特に，本研究において話者内変動を考慮できていないことは，田嶋先生のご指摘から，重要な課題として残っていると気づきました。また，博士後期課程のカリキュラムの一つとして，英語論文を書くコツなどを教えていただきました。博士後期課程在学中に英語論文を書くことはできませんでし

たが，教えていただいたことを参考に，これから挑戦したいと思います。修士論文においても副査としてご指導くださり，深く感謝いたします。

　学外副査の京都女子大学発達教育学部心理学科 伊東裕司教授（慶應義塾大学名誉教授）にも，修士課程から現在に至るまで，研究会や学会でご指導いただきました。藤田先生が主催している記憶・認知研究会において，目撃証言研究の専門家の視点から，私の研究について有意義なご指摘をいただきました。関西大学での卒業論文で，三浦大志先生（杏林大学）と伊東先生の共著論文を引用してから，三浦先生と伊東先生のような研究をしたいと思っていました。憧れともいえる，伊東先生にお会いできたことも，お話しできたことも，そして，副査として私の博士論文を読んでくださり，議論ができたことは大変幸せなことであったと思います。これまでいただいたご指導に対して厚くお礼申し上げます。

　そして，法政大学大学院人文科学研究科心理学専攻で開催されている大学院研究発表会を通して，法政大学文学部心理学科 吉村浩一先生，高橋敏治先生，渡辺弥生先生，福田由紀先生，島宗理先生，越智啓太先生，荒井弘和先生，林容市先生，竹島康博先生には，さまざまな観点からご意見を賜りました。いただいたご意見をもとに，さまざまな観点から音声と記憶の研究を続けたいと思います。6年間，誠にありがとうございました。

　同心理学専攻の先輩方にも，公私ともに，大変お世話になりました。山口剛先生（現在，日本工業大学），押尾恵吾先生（現在，お茶の水女子大学），高橋佳史さんには，お忙しい中，HtWL（How to Write a Lot）という勉強会を開催していただき，論文をとにかく書くことの大切さについて教えていただきました。また，安正鎬さん，田代琴美さん，菊池理紗さん，高野愛子さん，清水智弘さん，榎本恭介さんには，研究のことだけでなく，進路についてもご助言をいただきました。加藤みずき先生（現在，多摩大学），長大介先生（現在，青山学院大学），受田恵理さんにも，お世話になりました。先輩方のおかげで，研究生活を楽しみながら送ることができました。心より感謝申し上

あとがき　173

げます。そして，これからもよろしくお願い申し上げます。

　同心理学専攻の後輩からも，授業だけでなくさまざまな場面で，貴重なご意見を賜りました。松村珠理さん，玉川洋丞さん，横谷有紀さんに，心よりお礼申し上げます。それぞれの進路，分野は異なれど，これからも記憶・認知研究会で議論ができたらうれしいです。

　以上のように，この博士論文を書き上げるにあたり，法政大学だけでも，多くの先生方，先輩方，後輩にお世話になってきましたが，研究会での活動を通し，他大学の先生方からもご指導いただく機会がありました。

　月1回のペースで開催されている記憶・認知研究会を通して，多くの先生方に，お世話になりました。森田泰介先生（東京理科大学）には，研究に対して温かいお言葉を賜りました。森田先生がお休みのときはとても寂しく感じるほどに，森田先生のお言葉が私の励みになっていました。音声と記憶の研究に価値を見出してくださり，また，それに気づかせてくださり，誠にありがとうございました。これからも，音声と記憶の研究を続けますので，陰ながら応援してくださるとうれしいです。また，三浦大志先生（杏林大学）にも，ありがたいお言葉を賜りました。それは，私が修士1年で初めての研究会での発表のときでした。先行研究の方法を踏襲した計画を発表した私に対して，先行研究は必ずしも正しいわけではなく，その方法を踏襲する必要もないよと教えていただきました。それからは，先行研究の方法を批判的にみて，何もかも踏襲するのではなく，むしろ，先行研究の問題点を指摘して，新しい方法を提案することの重要性に気づくことができました。自身の研究についても批判的に見ることを忘れずに，これからも，研究を続けたいと思います。堀内孝先生（岡山大学），中山友則先生（中央大学），福島由衣先生（早稲田大学），島根大輔先生（高知工科大学）にも多くのご意見をいただきました。深くお礼申し上げます。今後ともよろしくお願い申し上げます。

　改めまして，大学院研究発表会や記憶・認知研究会，学会発表や授業などを通して，さまざまな観点からご意見をいただいた先生方や先輩方，院生の

みなさまのおかげで，このように，博士論文を書き上げることができました。いただいたご質問から，自身の説明の仕方の至らなさや理解不足に気づくこともありました。この場をお借りしてお礼申し上げます。

　最後になりますが，研究環境の整備など，さまざまな形でサポートしてくださいました法政大学文学部心理学科事務助手のみなさま，本研究の調査と実験にご協力くださいました参加者のみなさま，そして，見守ってくれた家族や友人，その他にもどのような形であれ，本研究に関わってくださったみなさまに，心より感謝を申し上げ，謝辞といたします。

　本書は「2024年度 法政大学大学院優秀博士論文出版助成金」の対象であり，その補助を受けて出版されました。出版を引き受けていただいた風間書房，ご尽力いただきました風間敬子様，斉藤宗親様に改めて感謝申し上げます。

2024年7月末日

井上晴菜

著者略歴

井上　晴菜（いのうえ　はるな）

2018年　関西大学文学部総合人文学科卒業
2020年　法政大学大学院人文科学研究科心理学専攻修士課程修了
2024年　法政大学大学院人文科学研究科心理学専攻博士後期課程修了
　　　　博士（心理学）
現　在　法政大学大学院ライフスキル教育研究所大学院特任研究員

話者の音声の記憶に関する研究

2024年11月30日　初版第1刷発行

　　　　　　　　著　者　　井　上　晴　菜

　　　　　　　発行者　　風　間　敬　子

　発行所　　株式会社　風　間　書　房

〒101-0051　東京都千代田区神田神保町1-34
電話 03（3291）5729　FAX 03（3291）5757
振替 00110-5-1853

印刷　太平印刷社　　製本　井上製本所

©2024　Haruna Inoue　　　　　　　　NDC分類：140
ISBN978-4-7599-2522-7　Printed in Japan

JCOPY〈出版者著作権管理機構 委託出版物〉
本書の無断複製は、著作権法上での例外を除き禁じられています。複製される
場合は、そのつど事前に出版者著作権管理機構（電話 03-5244-5088、FAX
03-5244-5089、e-mail: info@jcopy.or.jp）の許諾を得て下さい。